高等职业教育规划教材

公路勘测技术

叶 伟 王 维 编

机械工业出版社

本书主要内容包括：公路勘测基础知识、公路选线与测设、公路平面线形设计、公路纵断面设计、公路横断面设计共5个项目。

本书可作为高职高专道路与桥梁工程技术、市政工程技术等专业教学用书，也可作为从事公路勘测设计、施工、监理等工作的技术人员和管理人员的参考用书。

图书在版编目（CIP）数据

公路勘测技术/叶伟，王维编.—北京：机械工业出版社，2018.10

高等职业教育规划教材

ISBN 978-7-111-60981-0

Ⅰ.①公… Ⅱ.①叶…②王… Ⅲ.①道路测量-高等职业教育-教材②道路工程-设计-高等职业教育-教材 Ⅳ.①U412

中国版本图书馆CIP数据核字（2018）第216045号

机械工业出版社（北京市百万庄大街22号 邮政编码100037）
策划编辑：李 莉 责任编辑：李 莉
责任校对：肖 琳 封面设计：鞠 杨
责任印制：张 博
唐山三艺印务有限公司印刷
2019年2月第1版第1次印刷
184mm×260mm·8.5印张·206千字
0001—1900册
标准书号：ISBN 978-7-111-60981-0
定价：28.00元

凡购本书，如有缺页、倒页、脱页，由本社发行部调换

电话服务 网络服务
服务咨询热线：010-88379833 机工官网：www.cmpbook.com
读者购书热线：010-88379649 机工官博：weibo.com/cmp1952
教育服务网：www.cmpedu.com
封面无防伪标均为盗版 金 书 网：www.golden-book.com

前　言

随着我国交通基础设施建设的快速发展，国家对公路建设人才的需求也越加旺盛，对从业人员具备的知识和能力的要求也在不断提高。

我们在国家大力推行高等职业教育的社会背景下，结合江苏省高等职业院校示范建设工作中的人才培养模式、课程教学改革等成果编写了本书。本书内容编写主线是公路勘测设计图的阅读与分析计算，并能依据图纸实施路线施工放样。本书采用行业现行标准、规范；以任务驱动的编写模式，对于理论性较强的内容，尽量采用以图代文、以表代文的表达方式，以期激发学生的学习兴趣，引导学生自主学习。

本书由叶伟、王维编写。具体编写分工为：泰州职业技术学院叶伟编写项目一至项目三；苏州建设交通高等职业技术学校王维编写项目四、项目五。

在本书的编写过程中得到了江苏省交通科学研究院的高工包洋洋、上海林同炎李国豪土建工程咨询有限公司高工赵霄霄、马鞍山城乡规划设计院高工魏荣等专家的支持和帮助，在此表示衷心的感谢！

限于编者水平，不足之处在所难免，敬请读者批评指正。

编者

目　录

前　言
项目一　公路勘测基础知识 ··· 1
　　任务一　交通运输认知 ··· 1
　　任务二　公路的分类与组成 ··· 2
　　任务三　公路勘测设计的依据、程序和阶段 ·· 10
　　任务四　公路总说明与路线说明案例 ·· 15

项目二　公路选线与测设 ·· 27
　　任务一　选线 ·· 27
　　任务二　公路初测 ·· 41
　　任务三　公路定测 ·· 46

项目三　公路平面线形设计 ··· 54
　　任务一　平面线形组成及分析 ··· 54
　　任务二　平曲线超高 ··· 65
　　任务三　平曲线加宽 ··· 73
　　任务四　行车视距 ·· 77
　　任务五　方位角和中桩坐标计算 ·· 80
　　任务六　平面设计成果 ·· 82

项目四　公路纵断面设计 ·· 88
　　任务一　纵断面线形组成及分析 ·· 88
　　任务二　纵断面设计 ··· 94
　　任务三　纵断面设计成果 ··· 99

项目五　公路横断面设计 ·· 104
　　任务一　横断面线形组成及分析 ··· 104
　　任务二　路基土石方数量计算 ·· 118
　　任务三　横断面设计成果 ··· 127

参考文献 ·· 131

项目一

公路勘测基础知识

任务一 交通运输认知

一、交通运输系统分类

交通运输作为我国国民经济发展的重要基础产业。交通运输系统将国民经济的物质生产、流通、消费领域联系起来，把城市与城市、城市与农村连接起来，是保障社会经济蓬勃发展的网状大动脉。交通运输系统主要分为铁路、航空、水路、管道、道路五类运输系统。

铁路运输系统分为客运和货运两类。其特点是运行平稳、速度快、运量大，受自然条件限制较小，连续性强，能保证全年不中断运行，单位运输成本较低；但是铁路建设周期长，营运灵活性差，需与其他运输系统配合衔接，服务完整度较低。

航空运输系统运行速度快、机动性能好，可以到达其他运输系统难以到达的地方，但是单位运输成本高，易受天气影响。

水路运输系统是通航地区最廉价的运输系统，运输能力大、成本低，可以长距离、大批量运送货物。其缺点是速度慢，受自然条件影响大，需与其他运输系统配合衔接。

管道运输系统是用管道作为运输工具的一种长距离输送液体和气体物资的运输系统。其特点是专用性强、连续性好、能耗低、污染小，只能运输石油、天然气及固体料浆等。

道路运输系统分为公路运输系统和非公路运输系统。公路运输系统以国道、省道、县道、专用公路为主，非公路运输系统以城市道路、农村道路和其他公路为主。道路运输系统与其他运输系统比较，有如下特点：

1）灵活性强，中转少，可点对点运输。

2）运输服务的弹性大，能根据客户需求提供个性化服务，最大限度地满足不同性质的货运要求。

3）适应性强，由于公路网一般比铁路、水路网的密度要大十几倍，分布面也广，因此公路运输车辆可以"无处不到、无时不有"。

4）运量相对较小，更适合中短途运输，不适宜大宗和长距离货物运输。

近年来，我国道路交通基础设施和运输装备不断改善，为道路运输市场的快速发展创造了有利条件，也使公路客货运输的平均运距不断延长。目前，我国道路运输行业正处于快速发展的成长期，在国民经济运行和增长中发挥着日益重要的作用。

二、我国公路发展的历史和现状

衣、食、住、行是人类社会生活的基本内容，这些都离不开道路。可以说，道路的历史就是人类社会的发展史。

2000多年前，我国就已经有了可以通行牛车和马车的古老道路。我国的道路建设最早可以追溯到商朝，从西周的"周道如砥，其直如矢"，到被称为秦朝"国道"的秦驰道，再到清代长约15万km的"邮差路线"，古人对道路的建设一直都没有停止。我国现代公路建设的起步，即真正按一定标准修建公路，始于1913年修建长潭路（长沙到湘潭）。其后，我国除西藏外各省、市先后动工建设公路。由于当时我国经济落后，并受到战乱的影响，公路的发展十分缓慢。截至1949年，全国仅有公路约8万km，而且缺桥少渡，路况较差，分布也极不合理，大部分集中在东南沿海地区，绝大部分公路达不到现在最低的技术标准等级，铺筑沥青类或水泥路面的公路长度总计不超过300km，无法满足公路运输的需要。交通的不便不仅制约了经济的发展，也给人民群众的生活带来了极大的不便。

新中国成立以后，我国公路发展得很快，特别是改革开放以来的几十年是我国公路事业发展最快、建设规模最大、最具活力的时期。我国高速公路的建设起步于1984年，最早开工的是沈大高速公路，全长为375km，连接辽宁省的沈阳与大连。1988年，首条全程通车的高速公路——沪嘉高速公路通车，全长为20.5km，连接上海市区与卫星城嘉定。

截至2017年年末，全国公路总里程477.35万km，全国公路密度49.72km/（100km^2），全国四级及以上等级公路里程433.86万km，二级及以上等级公路里程62.22万km，高速公路里程13.65万km，国家高速公路10.23万km。

 知识拓展

驰道是我国历史上最早的"国道"，始于秦朝。秦朝把错杂的交通路线加以整修和连接，并在此基础上在公元前220年，开始修筑以咸阳为中心的、通往全国各地的驰道。驰道有统一的质量标准：路面幅宽约70m；路基要高出两侧地面，有利于排水，并用铁锤把路面夯实；每隔约7m种一株青松；除路中央约7m为皇帝专用外，两边还开辟了人行旁道；每隔约4000多m建一座亭，供区段的管理、邮驿使用。

任务二　公路的分类与组成

一、公路依据行政系统分类

1）国道：指具有全国性政治、经济意义的主要干线公路，包括重要的国际公路，国防公路，连接首都与各省、自治区首府和直辖市的公路，连接各大经济中心、港站枢纽、商品生产基地和战略要地的公路。

2）省道：指在全省（自治区、直辖市）范围内具有政治、经济意义，连接省内中心城市和主要经济区的公路，以及不属于国道的省际间的重要公路。

3）县道：指在全县（旗、县级市）范围内具有政治、经济意义，连接县城和县内主要乡（镇）、主要商品生产和集散地的公路，以及不属于国道、省道的县际间的公路。

4）乡道：指主要为乡（镇）内部经济、文化、行政服务的公路，以及不属于县道及县道以上的、乡与乡之间及乡与外部联络的公路。

5）专用公路：指专供或主要供厂矿、林区、油田、农场、旅游区、军事要地等与外部联络的公路。

截至2017年年末，国道里程35.84万km，省道里程33.38万km，县道55.07万km，乡道115.77万km，村道230.08万km。

二、公路依据公路功能和适应的交通量分类

公路依据公路功能和适应的交通量分为五个等级，即高速公路、一级公路、二级公路、三级公路、四级公路。

1）高速公路：为专供汽车分向、分车道行驶并全部控制出入的多车道公路。高速公路的年平均日设计交通量为15000辆小客车以上。

全部控制出入的高速公路应符合的条件是：必须具有4条或4条以上的车道，必须设置中间带，必须设置禁入栅栏，必须设置立体交叉。

2）一级公路：为供汽车分向、分车道行驶，并可根据需要控制出入的多车道公路。一级公路的年平均日设计交通量为15000辆小客车以上。

3）二级公路：为供汽车行驶的双车道公路。二级公路的年平均日设计交通量为5000~15000辆小客车。

4）三级公路：为主要供汽车、非汽车交通混合行驶的双车道公路。三级公路的年平均日设计交通量为2000~6000辆小客车。

5）四级公路：为主要供汽车、非汽车交通混合行驶的双车道或单车道公路。双车道四级公路的年平均日设计交通量2000辆小客车以下；单车道四级公路的年平均日设计交通量为400辆小客车以下。

以上五个等级的公路构成了我国的公路网，其中，高速公路、一级公路为公路网骨干线，二级公路、三级公路为公路网内基本线，四级公路为公路网的支线。

三、高速公路与一般公路比较之特点

与一般公路比较，高速公路的特点有下列几项：
1）弯道曲率缓和。
2）坡度平缓。
3）车道数较多。
4）行车速度较高，双向分隔。
5）采用立体交叉，无须采用红绿灯信号标志。
6）无慢车道与人行道。
7）视野广阔，视距较佳。
8）可能征收通行费（依区域而定）。

9）标志牌高大（与行车速度高有绝对的关系）。

各级公路的主要技术指标见表1-1。

表1-1 各级公路的主要技术指标

公 路 等 级		高速公路、一级公路（干线功能）							
设计速度/(km/h)		120			100			80	
车道数		8	6	4	8	6	4	6	4
行车道宽度/m		2×4×3.75	2×3×3.75	2×2×3.75	2×4×3.75	2×3×3.75	2×2×3.75	2×3×3.75	2×2×3.75
右侧硬路肩宽度/m	一般值	3.00 (2.50)							
	最小值	1.50							
土路肩宽度/m	一般值	0.75							
	最小值	0.75							
圆曲线最小半径/m	极限值（$i_{max}=4\%$）	810			500			300	
	一般值	1000			700			400	
停车视距/m		210			160			110	
最大纵坡（%）		3			4			5	

公 路 等 级		一级公路（集散功能）、二级公路		三级公路、四级公路		
设计速度/(km/h)		80	60	40	30	20
车道数		2	2	2	2	2或1
行车道宽度/m		2×3.75	2×3.5	2×3.5	2×3.25	2×3.0（单车道时为3.50）
右侧硬路肩宽度/m	一般值	1.50	0.75	—	—	—
	最小值	0.75	0.25			
土路肩宽度/m	一般值	0.75	0.75	0.75	0.5	0.25（双车道）
	最小值	0.50	0.50			0.50（单车道）
圆曲线最小半径/m	极限值（$i_{max}=4\%$）	300	150	65	40	20
	一般值	400	200	100	65	30
停车视距/m		110	75	40	30	20
最大纵坡（%）		5	6	7	8	9

注：1. 正常情况下，应采用"一般值"；在设爬坡车道、变速车道及超车道路段，受地形、地物等条件限制路段及多车道公路特大桥，可论证采用"最小值"。
2. 高速公路和作为干线的一级公路以通行小客车为主时，右侧硬路肩宽度可采用括号内数值。
3. 高速公路局部设计速度采用60km/h的路段，右侧硬路肩宽度不应小于1.5m。
4. 设计速度为120km/h、100km/h、80km/h的高速公路，受地形条件或其他特殊情况限制时，经技术经济论证，最大纵坡可增加1%。
5. 圆曲线半径极限值为$i_{max}=4\%$时的取值，在i_{max}取其他值时，请参考相关规范。

四、公路与城市道路的主要区别

公路是指经公路主管部门验收认定的城间、城乡间、乡间能行驶汽车的公共道路。公路包括公路的路基、路面、桥梁、涵洞、隧道。"公路用地"是指公路两侧边沟（或者截水沟）及边沟（或者截水沟）以外不少于1m范围内的土地。公路用地的具体范围由县级以上人民政府确定。"公路设施"是指公路的排水设备、防护构造物、交叉道口、界碑、测桩、安全设施、通信设施、检测及监控设施、养护设施、服务设施、渡口码头、花草林木、专用房屋等。

城市道路是指城市供车辆、行人通行的，具备一定技术条件的道路、桥梁及其附属设施。根据在道路网中的地位、交通功能以及对沿线建筑物的服务功能等，城市道路可以分为快速路、主干路、次干路、支路四个等级。

知识拓展

快速路是为城市中大量、长距离、快速交通服务的。快速路对向车行道之间应设中间带，其进出口应采用全控制或部分控制。快速路两侧不应设置可通向吸引大量车流、人流的公共建筑物的进出口，设置可通向一般建筑物的进出口应加以控制。

主干路应为连接城市各主要分区的干路，以交通功能为主。自行车交通量大时，宜采用机动车与非机动车分隔的形式，如三幅路或四幅路。主干路两侧不应设置吸引大量车流、人流的公共建筑物的进出口。

次干路应与主干路结合组成道路网，起集散交通的作用，兼有服务功能。

支路为次干路与街坊路的连接线，解决局部地区交通问题，以服务功能为主。

五、公路的线形组成

路线是指公路的中线。线形是指公路中线在空间的几何线形和尺寸。由于受自然条件和现状地物的限制，在平面上有转折，在转折点两侧相邻直线处，为了满足车辆行驶顺畅、安全和速度的要求，必须用一定半径的曲线连接。可见，公路中线是一条三维空间曲线，路线在平面上由直线和曲线组成。

公路线形设计是从平面线形、纵面线形及二者相结合的三维空间线形（又称为平纵组合线形）三个方面来研究的。

六、公路的结构组成

公路的结构组成主要包括路基、路面、桥涵、隧道及沿线设施等。

1. 路基

（1）路基的定义　路基指的是按照路线的位置和一定技术要求修筑的路面基础的带状构造物。路基一般由土、石按照一定结构尺寸要求构成，承受由路面传递下来的行车荷载。路基使公路连续，构成车辆及行人的通行部分。

(2)路基横断面的组成 用一个法向切面通过道路中线剖切路基得到的图形称为路基横断面。路基横断面由行车道、中间带、路肩、边沟、边坡、截水沟、碎落台、护坡道等部分组成,如图 1-1 所示。

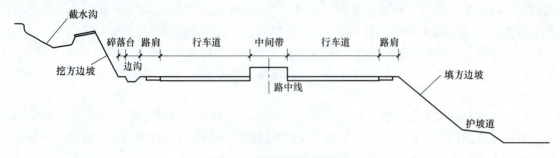

图 1-1 路基横断面的组成

(3)路基横断面的形式 路基横断面的形式通常有路堤、路堑、半填半挖路基 3 种基本形式,如图 1-2 所示。

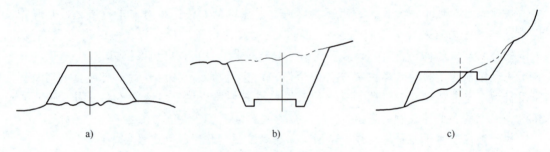

图 1-2 路基横断面的形式
a)路堤 b)路堑 c)半填半挖路基

路堤是指路基顶面高于原地面时,在原地面上进行填筑构成的路基。路堑则指路基顶面低于原地面时,将原地面下挖而构成的路基。在一个断面内,部分为路堤、部分为路堑的路基称为半填半挖路基。路基结构必须稳定、坚实并符合规定的尺寸,以承受汽车和自然因素的作用。

(4)路基防护 路基防护是指在横坡较陡的山坡上或沿河一侧路基边坡受水流冲刷威胁的路段,为保证路基的稳定,加固路基边坡所修建的构造物。常见的路基防护有填石路基(图 1-3)、砌石护坡(图 1-4)、挡土墙(图 1-5)、护脚(图 1-6)及护面墙(图 1-7)等。

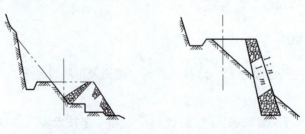

图 1-3 填石路基　　图 1-4 砌石护坡

项目一　公路勘测基础知识

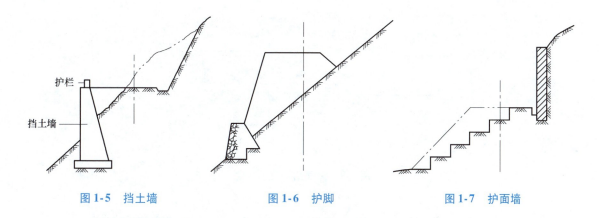

图 1-5　挡土墙　　　　　图 1-6　护脚　　　　　图 1-7　护面墙

（5）公路排水系统　为保持路基稳定而设置的地面和地下排水设施称为公路排水系统。公路排水系统按其排水方向可分为纵向排水系统和横向排水系统。

纵向排水系统常见的有边沟、截水沟、排水沟等，横向排水系统常见的有路拱、桥涵、透水路堤、过水路面、急流槽、渡水槽（桥）等，示例如图 1-8 所示。

图 1-8　公路排水系统
a）梯形边沟　b）截水沟　c）急流槽　d）渡水槽（桥）

排水系统按其排水位置不同又分为地面排水和地下排水两部分。地面排水是用于排除危害路基的雨水、积水及外来水等地面水。在地下水位较高的地段还应设置地下排水系统，盲沟是常见的地下排水结构物。

2. 路面

路面是在路基表面用各种材料分层铺筑的结构物，以供车辆在其上以一定速度安全、舒适地行驶。其主要作用是加固行车部分，使之具有一定的强度、平整度和粗糙度。路面按其使用性能、材料组成和结构强度，可分为高级、次高级、中级、低级路面；按其力学性能，可分为柔性路面和刚性路面两大类。常用的路面材料有沥青、水泥、碎（砾）石、砂、黏土等。路面结构层的构成如图 1-9 所示。

3. 桥涵

道路在跨越河流、沟谷和其他障碍物时所使用的构筑物称为桥涵。当桥涵的单孔跨径 $L_0 \geq 5m$、多孔跨径总长 $L \geq 8m$ 时称为桥梁（图 1-10a）；反之则为涵洞（图 1-10b）。

4. 隧道

公路穿越山岭、置于地层内的结构物称为隧道。隧道能避免翻山越岭，可缩短里程，保证行车的快捷，是山区公路中采用的特殊构造物之一，如图 1-11 所示。

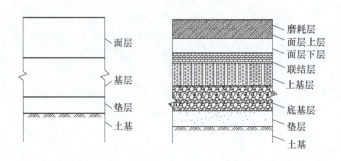

图 1-9 路面结构层的构成

图 1-10 桥梁与涵洞实体图
a) 跨河桥 b) 涵洞

图 1-11 隧道实景
a) 隧道出入口 b) 隧道内部

  隧道按施工方法分为明洞和暗洞。明挖岩（土）体后修筑棚式或拱式洞身再覆土建成的隧道称为明洞（图 1-12a），明洞常用于地质不良或土层较薄的地段。暗洞就是不采用放坡开挖的方法，直接采用台阶法、CRD 法等，通过拱部超前支护，施做初期支护后，再做隧道衬砌，如图 1-12b 所示。

图 1-12 隧道施工图
a）明洞 b）暗洞

5. 沿线设施

为保证行车的安全、舒适和增加路容美观，公路除设置基本构造物和特殊构造物外，还需设置各种沿线设施。沿线设施是公路沿线交通安全、管理、服务、环保等设施的总称。

（1）交通安全设施 为保证行车和行人的安全和充分发挥公路的作用而设置的设施称为交通安全设施。这些设施包括：人行地下通道、人行天桥、标牌、标线、交通信号灯、护栏、防眩板、隔声墙、防护网、反光标志、照明等设施，如图 1-13 所示。

图 1-13 各种交通安全设施
a）护栏 b）人行天桥 c）防眩板 d）隔声墙

（2）交通管理设施　为保障良好的交通秩序、防止事故发生而设置的各种设施称为交通管理设施。这些设施包括：公路标志（又可分为指示标志、警告标志、禁令标志、指路标志等）、路面标线、路面标志、紧急电话、公路情报板、公路监视设施、交通控制设施等。

（3）防护设施　为防止公路上的塌方、泥石流、坠石、滑坡、积雪、雪崩、积砂、水毁等威胁而设置的各种设施和构造物称为防护设施，如抗滑坡构造物、防雪走廊、防沙棚、挑坝等。

（4）停车设施　为了方便旅客和保证安全，在公路沿线的适当地点设置的停车场、汽车站、回车道等设施称为停车设施。

（5）渡口码头　三级公路、四级公路跨越较大河流、湖泊、水库，当交通量不大而暂时不能建桥所设置的船渡设施称为渡口码头。渡口通常包括引道、码头、渡船及附属设施等部分。

（6）路用房屋及其他沿线设施　路用房屋及其他沿线设施包括养护房屋、营运房屋、收费站、加油站等设施。

（7）绿化　它是公路不可缺少的部分，有稳定路基、隐蔽路面、美化路容、增加行车安全和发展用材林木的功能。有些地区还能减轻积砂、积雪、洪水等对公路的危害。

任务三　公路勘测设计的依据、程序和阶段

一、公路勘测设计依据

公路勘测设计的控制要素和依据很多，但是最基本的是与汽车性能有关的因素和反映车辆这些特性的设计要求和条件，即设计车辆、设计速度、交通量。

1. 设计车辆

设计车辆是指道路设计时所采用的具有代表性的车辆。道路上行驶的车辆主要是汽车，对于混合交通的道路上还有一部分非机动车，汽车的行驶性能、外廓尺寸以及行驶于道路上不同种类车辆的组成，对于道路的几何设计具有决定性作用，例如确定路幅组成、车道宽度、弯道加宽、纵坡大小、行车视距等都与设计车辆有密切关系。因此，选择有代表性的车辆作为道路设计的依据是必要的。

道路上行驶车辆的种类很多，按使用目的、结构或发动机的不同可分成各种类型，作为公路设计依据的车辆可分为小客车、大型客车、铰接客车、载重汽车、铰接列车五类。其外廓尺寸见表1-2，示意图如图1-14所示。

表1-2　设计车辆外廓尺寸

（单位：m）

车辆类型	总　长	总　宽	总　高	前　悬	轴　距	后　悬
小客车	6.0	1.8	2.0	0.8	3.8	1.4
大型客车	13.7	2.55	4.0	2.6	6.5+1.5	3.1
铰接客车	18.0	2.5	4.0	1.7	5.8/6.7	3.8

(续)

车辆类型	总 长	总 宽	总 高	前 悬	轴 距	后 悬
载重汽车	12.0	2.5	4.0	1.5	6.5	4.0
铰接列车	18.1	2.55	4.0	1.5	3.3+11	2.3

注 1. 前悬是指车体前面到前轮车轴中心的距离。
2. 轴距是指前轮车轴中心到后轮车轴中心的距离。
3. 后悬是指后轮车轴中心到车体后面的距离。

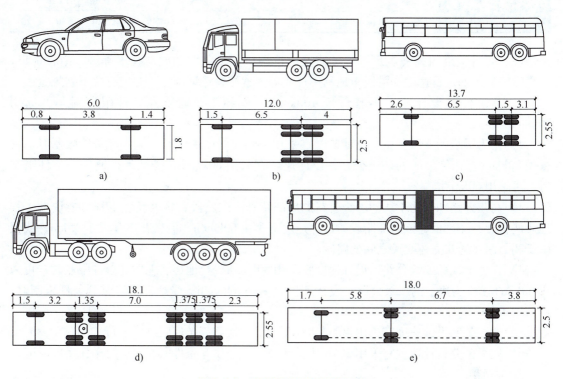

图 1-14 公路设计车辆外廓尺寸
a）小客车 b）载重汽车 c）大型客车 d）铰接列车 e）铰接客车

2. 设计速度

（1）设计速度的概念 设计速度是指当气候条件良好、交通密度小、汽车运行只受道路本身条件（几何要素、路面、附属设施等）的影响时，中等驾驶技术的驾驶员能保持安全舒适行驶的最大行驶速度。

设计速度是决定道路几何形状的基本依据。道路的曲线半径、超高、视距等直接与设计速度有关，同时设计速度也对车道宽度、中间带宽度、路肩宽度等指标的确定产生影响。

汽车在道路上行驶时，驾驶员根据道路沿途的地形条件、道路条件、交通条件以及自身的驾驶技术实际采用的速度称为行驶速度。根据定义，行驶速度与设计速度并非一致，在实际行驶过程中，驾驶员往往不是以设计速度行驶的，而是选择适合的行驶速度驾驶汽车。在设计速度较低的路段，当路线本身的几何要素超过安全行驶的需要，交通密度、地形、气候等外部条件又较好时，实际行驶速度常接近或超过设计速度。设计速度越低，出现这种可能性的概率就越高。考虑上述特点，同一等级的道路按不同的条件可以采用不同的设计速度。《公路工程技术标准》（JTG B01—2014）对各级公路规定了不同的设计速度。在公路设计中应根据公路的等级及交通组成，结合沿线地形、地物、地质状况等，经论证后确定合适的设计速度。《公路工程技术标准》（JTG B01—2014）对各级公路的设计速度要求见表1-3。

表1-3 各级公路设计速度

公路等级	高速公路			一级公路			二级公路		三级公路		四级公路	
设计速度/(km/h)	120	100	80	100	80	60	80	60	40	30	30	20

（2）设计速度的相关规定 设计速度的选用应根据公路功能与技术等级，结合地形、工程经济、预期运行速度和沿线土地利用性质等因素综合论证确定，并应符合下列规定：

1）高速公路设计速度不宜低于100km/h，受地形、地质等条件限制时，可选用80km/h。

2）作为干线的一级公路，设计速度宜采用100km/h；受地形、地质等条件限制时，可采用80km/h。作为集散的一级公路，设计速度宜采用80km/h；受地形、地质等条件限制时，可采用60km/h。

3）高速公路和作为干线的一级公路的局部特殊困难路段，且因新建工程可能诱发工程地质病害时，经论证，该局部路段的设计速度可采用60km/h，但长度不宜大于15km，或仅限于相邻两互通式立体交叉之间的路段。

4）作为干线的二级公路，设计速度宜采用80km/h；受地形、地质等条件限制时，可采用60km/h。作为集散的二级公路，设计速度宜采用60km/h；受地形、地质等条件限制时，可采用40km/h。

5）三级公路设计速度宜采用40km/h；受地形、地质等条件限制时，可采用30km/h。

6）四级公路设计速度宜采用30km/h；受地形、地质等条件限制时，可采用20km/h。

3. 交通量

交通量是指单位时间内通过公路上某一横断面处的往返车辆数，其单位为辆/日或辆/h。交通量的大小与社会经济发展速度、气候、物产、文化生活水平等多方面因素有关，且随着时间、地点的不同而随机变化。其具体数值可通过交通调查和交通预测确定。

（1）年平均日交通量 交通量通常用年平均日交通量（Annual Average Daily Traffic Volume，AADT）来表达，即一年365天观测到的交通量的平均值，其表达式为

$$AADT = \frac{1}{365}\sum_{i=1}^{365} Q_i$$

式中，AADT为年平均日交通量（辆/日）；Q_i为一年内每日交通量（辆/日）。

（2）设计交通量 设计交通量（也称为规划交通量）是指拟建道路到预测年限时所能达到的年平均日交通量，其值要根据历年交通观测资料预测求得，目前多按年平均增长率计算确定。其表达式为

$$N_d = N_0(1+\gamma)^{t-1}$$

式中，N_d为设计交通量（辆/日）；N_0为起始年平均日交通量（辆/日）；γ为年平均增长率（%）；t为预测年限，按公路等级确定。

预测年限规定：国家及省属重要干线公路的设计交通量应按 20 年预测；国家及省属干线公路的设计交通量应按 15 年预测，但对于国家及省属干线的高速公路和一级公路应按 20 年预测；县公路的设计交通量宜按 10 年预测。另外，设计交通量的预测起算年应为该项目可行性研究报告中的计划通车年；当提交可行性研究报告年到公路通车年超过 5 年时，在编制初步设计前应对设计交通量予以核对。

设计交通量对确定道路等级、论证道路的计划费用或各项结构设计等有重要作用，但不宜直接用于道路几何设计。因为一年中的每月、每日、每小时的交通量都在变化，在某些季节、某些时段可能高出年平均日交通量数倍，所以不宜作为具体设计的依据。

（3）设计小时交通量　设计小时交通量是以小时为计算时段的交通量，是确定车道数和车道宽度或评价服务水平的依据。大量交通统计表明，在一天以及全年期间，小时交通量的变化是相当大的。如果用一年中最大的高峰小时交通量作为设计依据会造成浪费，但采用日平均小时交通量则不能满足交通需求，造成交通拥堵或阻塞。因此，为使设计交通量的取值既能保证交通安全畅通，又能使工程造价经济、合理，可借助一年中小时交通量的变化曲线来指导确定合乎设计使用的小时交通量。具体方法如下：

将一年中 8760 个小时交通量（双向）按其与年平均日交通量相比所得百分数（即设计小时交通量系数）的大小顺序排列起来并画成曲线，如图 1-15 所示。由图可知，在 20~40 位小时交通量附近，曲线急剧变化，其右侧曲线明显变缓，而左侧曲线的坡度较大。显然设计小时交通量的合理取值范围应在第 20~40 位小时之间。如果以第 30 位小时交通量作为设计依据，则意味着在一年中只有 29h 的小时交通量超过设计值，会发生拥挤，占全年小时数的 0.33%，也就是说，全年 99.67% 的时间能够保证交通畅通。目前，包括我国在内的世界上的许多国家一般都采用第 30 位小时交通量作为设计时的依据，当然也可根据当地调查结果采用第 20~40 位小时之间最为经济合理的时位。

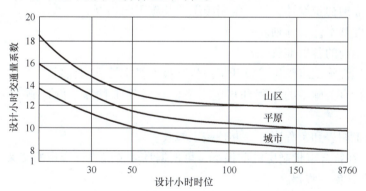

图 1-15　设计小时交通量系数与设计小时时位的关系曲线

在确定设计小时交通量时，应根据平时观测资料绘制各条路线交通量的变化曲线，没有观测资料的路段可参考性质相似、交通情况相仿的其他道路的观测资料确定。

设计小时交通量的计算公式为

$$DDHV = AADT \times D \times K$$

式中，DDHV 为单向设计小时交通量（辆/h）；AADT 为预测的年平均日交通量（辆/日）；D 为方向不均匀系数，一般取 $D = 0.5 \sim 0.6$；K 为设计小时交通量系数（%）。

（4）交通量换算　道路上行驶的车辆种类较多，其速度、行驶规律以及占用道路的净空差异较大，但作为道路设计时的交通量应折算成某一种标准车型。我国《公路工程技术标准》（JTG B01—2014）规定，标准车型为小客车，用于道路规划与技术等级划分的车辆折算系数规定见表1-4。对于非机动车占较大比例的混合交通道路，自行车、行人、畜力车等作为横向干扰因素不再参与交通量折算，三级公路、四级公路上行驶的拖拉机当每小时大于10辆时，每辆拖拉机可折算为4辆小客车。

表1-4　各汽车代表车型与车辆折算系数

汽车代表车型	车辆折算系数	说　明
小客车	1.0	不大于19座的客车和载质量不大于2t的货车
中型车	1.5	大于19座的客车和载质量大于2t且不大于7t的货车
大型车	2.5	载质量大于7t且不大于20t的货车
汽车列车	4.0	载质量大于20t的货车

注：1. 畜力车、人力车、自行车等非机动车，在设计交通量换算中按路侧干扰因素计。
　　2. 公路上行驶的拖拉机每辆折算为4辆小客车。
　　3. 公路通行能力分析所要求的车辆折算系数应针对路段、交叉口等形式，按不同的地形条件和交通需求，采用相应的折算系数。

二、公路工程基本建设程序

根据我国《公路工程基本建设管理办法》规定，公路工程基本建设程序大致如下：
1）根据长远规划或项目建议书，进行可行性研究。
2）根据可行性研究，编制设计计划任务书。
3）根据批准的计划任务书，进行现场勘测，编制初步设计文件和概算。
4）根据批准的初步设计文件，编制施工图和施工图预算。
5）列入年度基本建设计划。
6）进行施工前的各项准备工作。
7）编制实施性施工组织设计及开工报告，报上级主管部门核备。
8）严格执行有关施工的规程和规定，坚持正常施工秩序，做好施工记录，建立技术档案。
9）编制竣工图表和工程决算，办理竣工验收。

以上程序，在符合审批制度的前提下，可根据具体情况进行合理的交叉；小型项目可根据具体情况适当并免一些程序。

三、公路勘测设计阶段

公路勘测设计根据路线的设计和要求，可分为一阶段设计、两阶段设计和三阶段设计。

1）一阶段设计：适用于技术简单，方案明确的小型公路工程。即根据批准的设计任务书，进行一次详细定测，编制施工图设计和工程预算。

2）两阶段设计：为公路勘测设计一般所采用的勘测设计程序。其步骤为：先进行初测、编制初步设计和工程概算；经上级批准初步设计后，再进行定测、编制施工图和工程预算。也可直接进行定测、编制初步设计；然后根据批准的初步设计，通过补充测量编制施工图。

3）三阶段设计：对于技术上复杂而又缺乏经验的建设项目或建设项目中的个别路段、特殊大桥、互通式立体交叉、隧道等，必要时应采用三阶段设计。即分初步设计、技术设计和施工图设计三个阶段。技术设计阶段主要是对重大、复杂的技术问题，落实技术方案，计算工程数量，提出修正的施工方案，修正设计概算，其深度和要求介于初步设计和施工图设计之间。

不论采用哪种划分阶段设计，在勘测前都要进行实地调查，它是勘测前不可缺少的一个步骤，也可与可行性研究结合在一起，但不作为一个阶段。

任务四　公路总说明与路线说明案例

一、总说明

1. 概述

2014年9月，国务院印发了《关于依托黄金水道推动长江经济带发展的指导意见》（以下简称"意见"），部署将长江经济带建设成为具有全球影响力的内河经济带、东中西互动合作的协调发展带、沿海沿江沿边全面推进的对内对外开放带和生态文明建设的先行示范带。

随《意见》还一并印发了《长江经济带综合立体交通走廊规划（2014—2020年）》，规划明确提出以航运中心和主要港口为重点，加快铁路、高等级公路等与重要港区的连接线建设，强化集疏运服务功能，提升货物中转能力和效率，有效解决"最后一公里"问题。推进港口与沿江开发区、物流园区的通道建设，扩大港口运输服务的覆盖范围的加强集疏运体系建设的目标。

万州＊＊＊港是重庆市"1+3"枢纽型港口之一，是重庆融入国家长江经济带发展战略的重点工程。＊＊＊大道既是＊＊＊港重要的集疏运通道，也是万州＊＊＊园的重要基础设施，建成后能够更好地发挥＊＊＊港在全市发展中的战略支撑作用和三峡库区发展中的核心带动作用，同时促进＊＊＊港加快实现"铁公水"联运、完善新田园基础功能、满足企业运输需求、方便周边群众出行。

本项目全长5.334km（含＊＊＊连接线0.354km），全线采用双向两车道二级公路标准，路基宽8.5m，设计速度为60km/h，沥青混凝土路面。本项目路线起于＊＊＊高速＊＊＊互通连接线与＊＊＊路交叉口，向西南于＊＊＊村南侧与石万公路（105省道）平交，至＊＊＊附近向西通过＊＊＊隧道与＊＊＊港规划道路顺接。

（1）任务依据

1）本项目勘察设计合同。

2）重庆市＊＊＊设计院编制的《重庆＊＊＊港口物流园区港口控制性详细规划》。

3）＊＊＊建设有限公司编制的《万州区＊＊＊高速＊＊＊出口至＊＊＊港口作业区＊＊＊大道两阶段初步设计》。

4）重庆市万州区交通委员会的《关于万州区＊＊＊高速＊＊＊出口至＊＊＊港口作业区＊＊＊大道两阶段初步设计文件审查的批复》。

（2）测设经过 项目组于 2015 年 12 月中旬完成了全线的平面控制测量、高程控制测量及 1:2000 地形图测量等。测区平面测量采用万州独立坐标系，高程采用 1956 年黄海高程系，测设精度按四等水准，满足规范要求。地形图测量：采用野外采集法成图，测图比例 1:500。

平面控制测量使用 GPS 静态定位方法施测，布设 E 级 GPS 控制点，符合控制网由高级到低级的测量原理，测量方法合理，精度满足规范要求。

地质勘察工作于 2015 年 12 月上旬完成。根据路线所处区域地质条件，沿线地质勘察主要采用钻探等方法进行综合勘察，为施工图设计准备了较为翔实的工程地质资料。

施工图设计阶段在初步设计外业调查的基础上，根据初步设计审查意见，项目组重新对项目沿线进行了详细的调查。结合初步设计调查结果，对沿线桥涵水系、路线交叉、征地拆迁、弃土场等进行了详细的调查；并与地方交通、规划部门及沿线乡镇进行沟通，对项目最终走向、沿线构造物进行了书面确认。

在调查、设计过程中，为确保项目的质量，保证项目进度，减少设计浪费、设计深度不够、细部设计不到位等问题的出现，我们建立了质量保证体系，完善质量监控方法，加强过程控制，坚持"两校、三审"制度，做好三环节管理。

（3）本次设计遵循的标准、规范及规程 本次勘察设计采用和遵循的标准、规范及规程均为国颁和部颁标准，设计文件编排及图表内容、格式参照部颁交公路发［2007］358 号《公路工程基本建设项目设计文件编制办法》和《公路工程基本建设项目设计文件图表示例》的规定编制，在设计中使用中华人民共和国《工程建设标准强制性条文》（公路工程部分）和下述标准、规范：

1）《公路工程技术标准》（JTG B01）。
2）《公路自然区划标准》（JTJ 003）。
3）《建筑抗震设计规范》（GB 50011）、《中国地震动参数区划图》（GB 18306）。
4）《公路勘测规范》（JTG C10）。
5）《公路勘测细则》（JTG/T C10）。
6）《工程测量规范》（GB 50026）。
7）《公路工程地质勘察规范》（JTG C20）。
8）《公路工程水文勘测设计规范》（JTG C30）。
9）《公路工程物探规程》（JTG/T C22）。
10）《公路路线设计规范》（JTG D20）。

此外，参照执行了直辖市有关技术规定（指导意见），详见说明中有关描述。项目实施过程中，如有新的规范、规程颁布实施，则应按新的规范、规程执行。

2. 技术标准

根据初步设计批复、港口园区规划及征询相关部门意见，本项目采用部颁《公路工程技术标准》（JTG B01）及《公路路线设计规范》（JTG D20）规定的二级公路标准，设计速度为 60km/h，采用双向两车道，路基宽度为 8.5m。

但本项目主线远期将拓宽为 24m 城市道路，综合考虑远期管线埋设、桥梁拼接以及不造成重复投资与资源浪费，本次设计采用 8.5m 路基宽度，12m 桥面宽度。

本设计路基标准横断面图如图 1-16 所示。

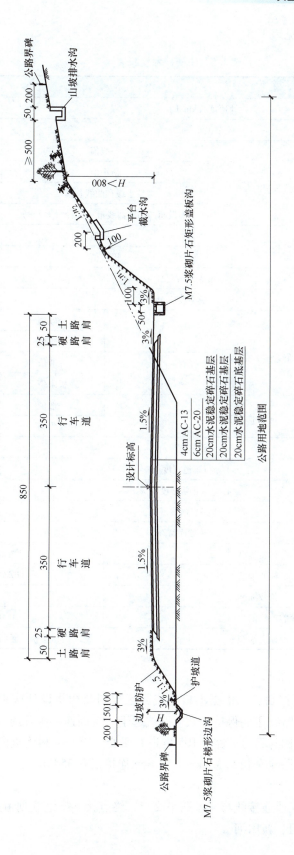

图 1-16 本设计路基标准横断面图

其主要技术控制指标见表1-5。

表1-5 主要技术控制指标

序号	指标名称			规范值
1	设计速度/(km/h)			60
2	停车视距/m			75
3	平面线形	最小曲线半径/m	一般值	200
4	平面线形	最小曲线半径/m	最小值	125
5	平面线形	最小曲线半径/m	最小缓和曲线长度	50
6	平面线形	最小曲线半径/m	不设超高的圆曲线最小半径（≤2%）	1500
7	平面线形	最小曲线长度/m	一般值	300
8	平面线形	最小曲线长度/m	极限值	100
9	纵断面线形	最大纵坡（%）		6
10	纵断面线形	最小坡长/m		150
11	纵断面线形	最小竖曲线半径/m	凸形 一般值	2000
12	纵断面线形	最小竖曲线半径/m	凸形 极限值	1400
13	纵断面线形	最小竖曲线半径/m	凹形 一般值	1500
14	纵断面线形	最小竖曲线半径/m	凹形 极限值	1000
15	纵断面线形	竖曲线长度/m	一般值	120
16	纵断面线形	竖曲线长度/m	极限值	50
17	横断面	路基宽度/m		8.5
18	横断面	行车道宽度/m		3.5
19	横断面	行车道正常坡度（%）		1.5
20	横断面	土路肩横坡（%）		3
21	横断面	桥梁净宽/m		11/7.5
22	路面类型			沥青混凝土
23	标准轴载			BZZ-100
24	荷载标准			公路Ⅰ级
25	地震动峰值加速度			0.05g
26	设计洪水频率			大、中桥、涵洞、路基：1/100

3. 路线方案及工程概况

（1）路线走向及主要控制点　依据港口物流园区规划及初步设计成果要求，本项目路线布设与规划及初步设计路线走向保持一致。路线起于***高速***互通连接线与***路交叉口，向西南于***村南侧与石万公路（105省道）平交，至***村附近向西通过***隧道与***港规划道路顺接，路线全长5.334km（含***连接线0.354km）。

沿线主要的控制点有：

1）路线起点在***互通连接线与***路平交口，终点接***港规划道路。

2）跨越河流有油沙河、新田河。

3）沿线主要道路有：油茨路、S105以及其他县乡道路等。

4）沿线区域有100kV和500kV高压线各一组，若干10kV和35kV高压线，以及自来水管管道（φ150mm）。

5）沿线主要有神华电力***公司、重庆***港口物流有限公司、***鱼种站、***镇养殖场、***镇分水岭农家乐等企事业单位用地。

（2）主要工程规模　本项目路线全长5.334km，全线主要工程数量见表1-6。

表1-6　主要工程数量及指标

序　号	指标名称		单　位	工　程　量	
1	路线长度		km	4.98	0.35
2	平曲线最小半径		m	150	—
3	最大纵坡		%	3	0.33
4	公路用地		亩①	210.99	20.31
5	拆迁建筑物		m²	13813	1423
6	土石方	挖方	m³	171496	838
		填方	m³	235672	33591
7	路基防护及排水（圬工）		m³	16780	2393
8	特殊路基		m²	365	75
9	沥青路面		m²	38290.6	2653.4
10	隧道		m/座	890/1	—
11	大桥		m/座	—	—
12	中桥		m/座	134.08/2	67.04/1
13	涵洞		道	17	1
14	通道		道	4	1
15	平面交叉		处	6	1
16	桥隧比例		%	20.6	19.0

①　1亩=666.66m²。

4. 初步设计批复意见执行情况

2015年11月27日，重庆市万州区交通委员会在万州主持召开了《万州区***高速***出口至***港口作业区***大道两阶段初步设计》审查会。会议认为设计单位编制的设计文件符合交通部颁《公路工程基本建设项目设计文件编制方法》和《公路工程基本建设项目设计文件图表示例》的要求。设计方案技术经济比选较为充分，内容完整，达到初步设计深度要求。审查会同意初步设计中推荐的路线总体走向方案，同意项目按二级公路标准建设，设计速度为60km/h。

本次施工图设计，按审查会意见及建议，结合施工图定测及调查，在初步设计的基础上对设计方案进行了进一步优化和完善。

1）进一步细化特殊路基处治方案和路基防护方案，对高填深挖段路基进行了详细计算和分析。

2）进一步细化了路基和路面等排水方案。

3）进一步根据现场调查，完善涵洞设置，满足沿线道路的排水要求。

4）进一步梳理了沿线交叉，对道口进行了归并设计。

5）细化了沿线取弃土场的调查。

5. 沿线自然地理概况

（1）地形、地貌　勘察区地处长江三峡库区腹地和重庆市版图中心，长江南岸，属丘陵斜坡地貌。最低点位于线路中部幸家河河道内，高程为174.32m，最高点位于***隧道中部山脊的小山包处，高程335.22m，相对高差201.35m。除隧道段外，沿线地形起伏不大。K0+000~K3+750段地形平缓，坡角2°~10°，多为农田、旱地、平坝，道路两侧斜坡坡向与线路走向垂交；K3+750~K4+950段（K4+055~K4+940段为隧道），地形起伏大，坡度较大，地形坡角15°~40°，局部为陡崖，斜坡坡向东西，与线路走向一致。

（2）气候条件　万州区境内属亚热带季风湿润带，气候四季分明，冬暖、多雾；夏热，多伏旱；春早，气温回升快而不稳定，秋长，阴雨绵绵，以及日照充足，雨量充沛，天气温和，无霜期长，霜雪稀少。境内多年平均气温17.7℃，最高年平均气温19.0℃（1982年），最低平均气温176℃（1974年）；多年极端最高气温为41℃（1972年8月26日），极端最低气温零下3.7℃（1955年1月27日，1975年12月15日），多年平均年日照时数1484.4h，最高年日照时数1713h，最小年日照时数924h，据境内大滩口水文站资料统计，多年平均降水量1243mm，最多年降水量为1549.6mm（1982年）。最低年降水量为981.9mm（1976年），多年平均年水面蒸发为620mm，年蒸发总量达10.85亿m³。

（3）河流　境内河流纵横，河流、溪涧切割深，落差大，高低悬殊，呈枝状分布，均属长江水系。长江自西南石柱、忠县交界的长坪乡石槽溪（海拔118m）入境，向东北横贯腹地，经黄柏乡白水滩（海拔约106m）流入云阳县，流程80.4km。境内流域面积在100km²以上的河流有江北的苎溪河、渡河、石桥河、汝溪河、浦里河、江南的泥溪河、五桥河、新田河共8条，溪沟93条，总水域面积为16.3万亩（108.66km²）。

（4）水文地质　勘察区地下水按其赋存特征及水理性质可分为基岩裂隙水和土层孔隙水两类。基岩裂隙水主要赋存于区内侏罗系的砂岩中，泥岩为相对隔水层，由于场地位于斜坡地带，场内基岩赋水条件差，仅存在少量风化带裂隙水。孔隙水赋存于地表土层中，土层结构松散，厚度较薄，为透水而不储水的土层，主要接受大气降雨、地表水的补给，沿基岩面向低洼处排泄，具有补给排泄途径短、排泄量小、随补随排的特点。

总之，场地水文地质条件较简单，附近未见井、泉出露，地下水贫乏，勘察区仅存在少量基岩风化带裂隙水。

（5）地层岩性　通过工程地质调查和钻探揭露，勘察区出露主要地层为第四系全新统人工填土（Q4ml）、残坡积层（Q4el+dl）、冲洪积层（Q4al+pl），基岩为侏罗系中统沙溪庙组（J2s）砂岩、泥岩。各岩土层特征分述如下：

1）第四系全新统（Q4）。

① 人工填土（Q4ml）：

素填土：杂色，由碎石土、块石土、粉质黏土及建筑垃圾等组成，主要分布在道路、居民区附近,堆积年限1~5年,结构松散~稍密,该层厚1~3m。

② 残坡积层(Q4el + dl):

粉质黏土:紫褐色,由黏粒、粉粒组成,稍有光泽,无摇振反应,干强度中等,韧性中等,呈可塑状,含少量强风化砂、泥岩碎块;广泛分布于沿线平坝及宽缓斜坡地带;表层有较多植物根系,厚度0.50~5.0m。

③ 冲洪积层(Q4al + pl):

漂石土:杂色,母岩主要以砂岩为主,少量砂土充填,分选性差,级配差,磨圆度较差,呈棱角状~次圆状;粒径一般为20~360mm,个别漂石粒径可达360mm,其中大于20mm的约占65%,厚度2.0~10.0m;主要分布于河道及两岸阶地。

2) 侏罗系中统沙溪庙组(J2s)。该套地层为内陆浅湖相沉积,岩性和厚度变化较大,泥岩与砂岩互层,泥岩中偶夹灰色砂岩透镜体或团块。

泥岩:紫红色,薄~中厚层状,泥质结构,矿物成分主要为黏土矿物,局部砂质含量较重,相变为砂岩或泥质粉砂岩团块或透镜体,接近地表风化强烈,裂隙发育,局部充填黏土。

砂岩:浅灰色,细~中粒结构,中厚~厚层块状构造,钙泥质胶结,矿物成分主要为长石、石英,岩屑次之,含少量白云母碎片,质较坚硬。

(6) 地质构造 拟建线路构造部位地处扬子准地台(Ⅰ1)重庆台坳(Ⅱ1)的万州凹褶束(Ⅲ1)之万州向斜南东翼,属单斜构造,岩层产状325°∠18°,岩层层面属硬性结构面,结合差。据地质调查及钻探揭示,勘察区无断层构造。

勘察区节理裂隙较发育,且具有较强的规律性,一般发育两组裂隙,组成一组共轭"X"裂隙。在勘察区陡崖和坡面的裂缝及地表卸荷裂隙等多沿此两组裂隙发育。

综上所述,勘察区属单斜构造,断层构造不发育,节理裂隙较发育,地质构造简单。

(7) 不良地质 本次勘察通过工程地质测绘和调查,勘察区未发现泥石流、地面塌陷、地裂缝、滑坡、危岩崩塌等不良地质现象,局部山间洼地和水田存在软弱土,路基通过时应进行处理。

(8) 地震效应 据《中国地震烈度区划图》和《中国地震动峰值加速度区划图》显示,项目区地震基本烈度<Ⅵ,地震动峰值加速度为0.05g。区域内历史上有记录的地震活动较少,震级较小(4级以下),显示了地块的稳定性。

6. 沿线筑路材料、水电、交通条件

筑路材料主要包括路基填筑材料、路面、桥梁及其他结构物材料。路基填料主要为土、石,路面、桥梁及其他结构物材料主要有钢材、水泥、沥青、砂石料等。

(1) 路基填筑材料 本项目部分路段沿山缘和丘陵布设,路基填筑宜采用移挖作填的方式,地势平坦区路段选择距离较近的山区或丘陵作为取土场,借土填筑。取弃土场的位置视沿线地形情况而定。

(2) 石料 片石、块石及碎石主要由公路沿线采石场生产,储量丰富,运距近,交通方便。调查有万州区长坪柏树咀村采石场、盐井乡菇子坝料场、新田料场、万州港料场、科华料场等,片石、块石主要为砂岩,经检测抗压强度都大于40MPa,主要用于防护、排水等浆砌工程;碎石为灰岩碎石,主要用于混凝土工程,可满足各强度等级混凝土要求,质量满足规范要求。

路面表面层用碎石可至万州区长江二桥北桥头料场购买,原料采集自长江中卵石,为石英砂岩、花岗岩,经机器破碎可生产各种规格碎石,经取样检测磨光值PSV为45,满足上面层指标要求。

(3) 砂　项目区临长江,特细砂储量较多,质量好,可用于C30以下混凝土及一般结构物浆砌及混凝土工程,C30以上桥梁上部等结构混凝土用中粗砂需从岳阳运输。经取样检测,试验指标满足高强度等级混凝土要求。

(4) 沥青、水泥、木材、钢材、汽油、柴油　公路建设所需的建筑材料需求量较大,从经济性考虑应尽可能利用当地材料,因地制宜。钢材、木材、汽油、柴油均可在当地购买,利用汽车运至工地。沥青可在市区购买,沥青混凝土路面面层应选用优质沥青。

(5) 桥涵及防护用材料　构造物用水泥、钢材、木材以及小五金材料依托工程所在地区作为供应地,部分材料届时供应紧张,可在附近采购补充。

(6) 能源供应　沿线地表水资源丰富,取水方便,可就近上路,经试验分析沿线地表水和地下水的水质良好,对混凝土无侵蚀性,符合工程用水标准。

沿线电力供应情况良好,电力供应充足,工程用电可与电力部门协商解决。

(7) 运输条件　基于项目的地理位置,运输条件主要采用陆路运输,可充分利用周围路网用汽车直接将材料运到用料现场。

7. 与周围环境及自然景观相协调情况

(1) 路线走向与主要地物的关系　本项目路线走向在遵循物流园区规划路网的前提下,注意避让大的集镇和村庄,并结合沿线地形、地物情况,选择合适的河流跨越位置,避免与河流发生重复交叉,同时注意与被交叉公路的交叉角度,减少改移工程量。

(2) 强调将道路与自然景观融为一体　设计时注意与自然景观的协调,着重做了以下几个方面的工作:

1) 在路线平面和纵断面设计时,综合考虑沿线地形、地物、地质、桥位、沿线道路等因素,尽量做到少拆迁房屋,少占良田,少砍伐树木,减少工程对环境的影响。尽可能保持既有水利排灌设施和地方道路网的完整性,理顺因工程建设而改变的排灌系统,确保水系畅通。

2) 注意路线平纵面线形的组合设计及道路与自然景观的协调设计,使道路成为大自然的一条新的风景线。

3) 加强绿化,采取多层次绿化措施,在路侧、边坡、护坡道外,大力提倡植草、植树,以改善道路的单调感。

4) 注重路基边坡防护等的造型和效果设计,边坡防护尽量采用植草防护,必要时采取骨架防护。

5) 道路排水自成一体,减少对鱼塘养殖的影响。

(3) 保护自然景观　道路施工过程中,必须采取必要措施,保护自然环境,减少道路施工对沿线植被的破坏,注重水土保持,防止水土流失。加强施工期排水的控制,施工用水须经沉淀、过滤后方可排入河流中。道路运营期间的路基水原则上不得排入鱼塘及饮用水水源河流中。

8. 各项工程施工的总体实施步骤的建议

由于本项目需于2017年底建成通车,因此合理确定项目的施工顺序和施工工期显得尤为重要，由于施工受到众多因素的影响，设计中根据本段的具体情况，提出如下建议：

1）先做好施工的准备工作，包括招标投标，征地拆迁等工作，保证施工队伍的进场和顺利开工建设。

2）做好施工便道的施工，确保施工运输通道的畅通；另外，占用老路段应做好老路的交通组织，保证施工期间施工与行车都顺利进行。

3）改移道路和沟渠等线外工程是配合主线所设计的平交、涵洞，为保证地方生产、生活的道路畅通和水系完整的要求设置的，必须与主体工程同步或超前实施。

4）对本项目路基施工，应积极争取地方政府与沿线居民的支持。施工前应进行清表、填前压实等措施，从根本上保证路基质量，另外应加强施工期间的排水工作，确保路基范围内的降水能及时排出，以保证路基的稳定性及压实度，防止雨水冲蚀边坡。

5）路面工程：路面施工前应严格检查路基的施工质量，包括压实度、弯沉、高程、线位、宽度、平整度、横坡、边坡等，检验合格后可进行路面基层、面层的施工。路面施工必须按设计要求，严格执行相关规范的各条文要求，质量检查标准应符合《公路工程质量检验评定标准》（JTG F80）的规定。路面材料是影响路面工程质量的重要因素，路面材料应从源头抓起，严格控制路面材料的质量，按规范规定的要求进行抽检，满足规范和设计文件要求的材料才能用于路面工程上。

6）防护及其他。

① 防护工程用石料应石质坚硬，浆砌砌体砂浆应紧密、错缝，严禁通缝、叠砌、贴砌和浮塞。

② 交通工程设施一般为最后一道工序，在桥梁、隧道等构造物施工时应按设计文件注意预留各种预埋件，以便交通工程设施的安装，特别是波形梁的安装。交通工程施工时，应防止对其他工程的破坏，应严禁其施工机械的油料落入沥青路面上。

③ 必须严格进行导线点、水准点的复核工作，桥梁与路基施工时必须相互协调，尤其是采用的水准点必须相互联测，以免出现桥路高程错位现象。

9. 新技术、新材料、新设备、新工艺及计算机应用情况

我公司始终把"提高勘测设计质量、提高勘测设计水平"作为整个设计工作的宗旨，精心组织、精心设计、质量第一、争创优质。按照ISO9001质量管理体系要求，对设计过程进行全面的质量管理。

1）本次设计全面采用数字化设计技术，将全球定位系统（GPS-PTK）技术运用于路线平面、高程控制测量中，加快了测量进度，提高了控制测量的精度；设计中采用路线CAD和公路桥涵CAD等计算机辅助设计系统，路基路面、桥梁的计算和分析均采用计算机专用程序来完成，提高设计效率，确保图纸质量。

2）充分吸收了国内外成熟的新技术、新材料和新工艺，并将其运用于道路设计中。

3）在交叉及路基设计方面更加注重美观效果和运营效果，特别是边坡、排水设计，同时，对桥梁的附属部分如桥面铺装和伸缩缝等给予了足够的重视。

4）采用三维仿真动画检验全线平面线形、纵面线形，使平纵组合设计更为合理。

10. 与有关部门协调情况

本项目作为 *** 港一条重要的快速集疏运通道，对推动港区建设、促进区域经济发展有重要的意义，在项目前期，项目组就本项目路线、平面交叉等方案征询了地方政府及沿线相关企事业单位的意见,各级政府及相关企事业单位对本项目的建设持支持态度,对项目的路线、路基、交叉、改移等方案均表示同意和认可。

二、路线说明

1. 初步设计批复意见执行情况

现对重庆市万州区交通委员会 2015 年 12 月 1 日《关于万州区万忠高速 *** 出口至 *** 港口作业区 *** 大道两阶段初步设计文件审查的批复》中对标准及路线批复意见的执行情况叙述如下:

1)公路标准:赞同公路二级公路标准,请进一步复核 15 年使用期间交通量。

回复:根据意见,已对预测交通量进行调整。

2)路线:赞同推荐路线 K 线方案,但对两端连接线应进行完善。

回复:推荐线与规划 *** 大道路线走向一致,路线起点接万忠高速新田互通连接线,终点与 *** 港作业区规划路网衔接。

2. 施工图设计评审意见的执行情况

现对重庆市万州区交通委员会 2016 年 3 月 1 日《万州区万忠高速 *** 出口至 *** 港口作业区 *** 大道施工图文件评审意见》的执行情况叙述如下:

1)路线设计应补充终点与 *** 港道路的连接线。

回复:根据港口沟通结果,港口将于本项目设计终点处设置环港道路,本项目与环港道路采用平面交叉,环线走向及平交见公路平面总体设计图。

2)应补充隧道出口 3S 或 5S 段设计,出洞口内外各 3S 段设计速度行程长度范围内平面线形、纵面线形应一致,满足安全行车要求。

回复:根据意见调整隧道出口至设计终点直线长度为 40m,能够满足 3S（33.3m）要求。

3)进口段路面设计远景隧道限界小于公路宽度,隧道连接应有 4S 设计速度行程过渡段。

回复:根据前期沟通,本次设计隧道仅考虑双向两车道,远期采用小间距隧道再开一处隧道,并与本项目拓宽后路基衔接;本次设计路线布设时已考虑小间距隧道过渡段长度要求。

3. 遵循的标准、规范及规程

1)《公路工程技术标准》（JTG B01）。

2)《公路路线设计规范》（JTG D20）。

3)《公路勘测规范》（JTG C10）。

4)《公路路基设计规范》（JTG D30）。

项目实施时,如有新的规范、规程颁布实施,则应按新的规范、规程执行。

4. 路线设计

（1）路线平面线形设计　本项目路线长 5.334km。沿线主要控制因素有:鱼种站、神华电厂规划、*** 港物流园区规划、油沙河、新田河、油茨路、石万公路（105 省道）及高压线等沿线地形地物。

本段共设置平曲线 7 个（含转折点 1 处）,平面线形技术指标见表 1-7。

表1-7 平面线形技术指标

项 目	规范值	指标 主线	指标 神华接线	备注
起讫桩号	—	K0+000~K4+980.000	LK0+000~LK0+353.750	
每公里交点个数	—	1.41		
路线长度/km	—	4.98	0.35	
路线增长系数	—	1.11	1.00	
最小平曲线半径（极限值/一般值）/m		150/200		
最大平曲线半径/m		600		
超高（处）	—	6		
最小直线长度（反向曲线/同向曲线）/m		169.6/104.8		
最大直线长度/m	—	1117.753	353.8	
最小偏转角（°′″）		14°50′15.2″		
平曲线占路线长（%）	—	26.8		

（2）路线纵断面设计　项目纵断面设计主要考虑以下因素：起终点与相邻路段、规划路网的衔接；等级公路的平交；神华500kV高压线净空控制；区域洪水位及部分路段的排水畅通；纵断面线形指标的协调和均衡；纵断面线形与平面线形的组合设计。在增加工程量不大的情况下，为了保证良好的视线诱导条件，纵断面设计时尽可能采用了较高的技术指标。

本段共设凸形竖曲线5个，凹形竖曲线7个，纵断面线形指标采用情况见表1-8。

表1-8 纵断面线形设计技术指标

序号	项 目		单 位	技术指标 主线	技术指标 神华接线	备 注
1	最大纵坡		%	3	0.33	
2	最小纵坡		%	0.3	0.33	
3	最大坡长		m	1195.0	353.75	
4	最小坡长		m	188.3	353.75	
5	最大竖曲线半径	凸形	m	30000	—	
6		凹形	m	25000	—	
7	最小竖曲线半径	凸形	m	4500		
8		凹形	m	4000		
9	最小竖曲线长度		m	129.00		
10	竖曲线所占比例		(%)	37.92		
11	平均每公里变坡指数		个	2.41		

（3）平纵面线形组合设计　在保证平纵面各自线形平顺、流畅的前提下，设计中尽可能使二者的技术指标保持均衡和协调，同时在空间位置的布置上，按照规范的要求精心设

计，避免出现各种不良的线形搭配和组合，以保证良好的视觉效果，提高行车舒适性。

（4）路线坐标及高程系统的采用　路线坐标采用万州独立坐标系，高程系统采用1956年黄海高程系。

（5）征地拆迁　主线用地215.19亩，交叉用地8.81亩，线外工程用地7.30亩；取（弃）土坑用地75.2亩。需拆迁房屋15236m²，电力、电信线95道。

5. 施工注意事项

1）道路开工前，施工单位应在全面熟悉设计文件的基础上，约请测量单位进行现场测量交底，做好桩位交接记录，对位于施工范围内的测量标志，必须采取妥善保护措施。

2）路基用地范围内的既有房屋、道路、河流、通信、电力设施、坟墓以及其他建筑物，均应协调有关部门事先拆迁或改移。路基用地范围内的树木、灌木丛、竹林等均应在施工前砍伐或移植清理，并将路基范围内的树根、竹根等全部清除并将坑穴填平夯实。

3）对路线范围内主线部分清除的耕植土，应集中堆放在指定位置，待沿线弃土结束后，再利用耕植土进行农田或耕地复耕。清表后的路基应按照施工技术规范和设计要点进行压实、处理。

4）做好施工便道的施工，确保施工运输通道的通畅。

5）未尽事宜按相关规范执行。

项目二

公路选线与测设

任务一 选线

一、选线的目的和任务

公路选线就是根据路线的性质、任务、等级和标准，结合当地的地形、地质、地物及其他沿线条件和施工条件等，综合考虑平、纵、横三方面因素，在实地或纸上选定公路中线位置，然后进行测量和设计的过程。

选线的目的就是根据国家建设发展的需要，结合自然条件，选定合理的路线，使筑路费用与使用质量达到统一，且行车迅速、安全、经济、舒适，构造物稳定耐久及易于养护。

选线的主要任务：确定公路的走向和总体布局；具体确定公路的交点位置和选定公路曲线的要素；通过纸上或实地选线，把公路的平面位置确定下来。

公路选线是整个公路勘测设计的关键，是公路线形设计的重要环节，它对公路的使用质量和工程造价都有很大的影响。

二、公路选线的基本原则

路线是公路的骨架，它关系到公路本身功能的发挥和在路网中能否达到预期的作用。所以公路选线面对的是一个系统工程，除了受自然条件影响外还受到多种社会因素的制约。选线时需要妥善处理好以下几点：

1）应针对路线所经地域的生态环境、地形、地质的特性与差异，按拟定的各控制点由面到带、由带到线、由浅入深、由轮廓到具体，进行比较、优化与论证。同一起、终点的路段内有多个和使用任务可行路线方案时，应对各设计方案进行同等深度的比较。

2）影响选择控制点的因素多且相互关联、又相互制约，应根据公路功能和使用任务，全面权衡、分清主次，处理好整体与局部的关系，并注意由于局部难点的突破而引起的关系转换给整体带来的影响。

3）应对路线所经区域、走廊带及其沿线的工程地质和水文地质进行深入调查、勘察，查清其对公路工程的影响程度。遇有滑坡、崩塌、岩堆、泥石流、岩溶、软土、泥沼等不良工程地质的地段应慎重对待，视其对路线的影响程度，分别对绕、避、穿等方案进行论证比选。当必须穿过时，应选择合适的位置，缩小穿越范围，并采取切实可行的工程措施。

4）充分利用建设用地，严格保护农用耕地。

5）国家文物是不可再生的文化资源，路线应尽可能避让不可移动的文物。

6）保护生态环境，并同当地自然景观相协调。

7）高速公路、具干线功能的一级公路同作为路线控制点的城镇相衔接时，以接城市环线或以支线连接为宜，并与城市发展规划相协调。

新建的二级公路、三级公路应结合城镇周边路网布设，避免穿越城镇。

8）路线设计是立体线形设计，在选线时即应考虑平、纵、横面的相互间结合与合理配合。

三、选线的方法

1. 实地选线

在线路的起、终点确定之后，起、终点之间往往存在多条路径。从存在的意义上讲，任何路线的起、终点间都存在一条最理想的线位方案。实地选线是由选线人员根据设计任务书的要求，在现场进行勘察测量，经过反复对比论证，直接选定路线的方法。其优点是方法简便，切合实际，容易掌握地质、地形、地物等情况，方案比较可靠，定线时一般不需要大比例尺地形图；其缺点是野外工作量很大，体力劳动强度大，野外测设受气候、季节的影响大，不能保证对路线的每个点都进行详细的调查。同时，由于实施地视野的限制，地物、地貌的局限性很大，路线的整体布局有一定的片面性和局限性。另一方面直接定线需要先在野外现场确定出路线平面图，再进行内业纵断面和横断面的设计，需要内外业两个过程来完成，要使得平、纵、横三方面很好地结合就比较困难。

实地选线一般适用于平原微丘区等级较低、方案比较明确的公路。

2. 纸上选线

纸上选线又称为地形图定线法，是在已经测得的地形图上进行路线布局、方案比选，从而在纸上确定路线，将此路线再放到实地勘测的选线方法。其优点是野外工作量小，定线不受自然因素干扰，能在室内纵观全局，结合地形、地物、地质条件，综合考虑平、纵、横三方面因素，所选定的路线更为合理；其缺点是必须要求有较精确的大比例尺地形图，另外对公路技术人员的要求也比较高。随着社会对设计效率及输出成果的精细化要求的提高，目前纸上选线也是利用计算机辅助完成的。

3. 自动化选线

自动化选线的基本做法是：先用航测方法测得航测图片，再根据地形信息建立数字地形模型（数字化的地形资料），把选线设计的平、纵、横要求转化为数学模型，将设计数据输入计算机，则计算机按照一定的程序进行自动选线、分析比较、优化，借助于计算机技术的革新，使得纸上定线更加智能化、快速化、可视化，提高选线效率和展示效果。

四、选线的步骤

路线的选定是一项由部分到整体、由粗到细、由轮廓到具体，逐步深入、层层递进的工作。按照测设程序分阶段分步骤进行，比较分析后，选定最合理的路线。一般要经过以下三个步骤：

1. 总体把握

总体把握是解决路线基本走向的工作，即在路线总方向（起、终点和中间必须经过的城镇或地点）确定后，从整体到局部进行总体布置的过程。此项工作最好先在1∶10000～1∶50000地形图上进行路线整体布局，选出可能的路线方案，然后进行踏勘与资料收集，根据需要与可能，并结合具体条件，通过比选落实必须通过的主要控制点，放弃那些应避让的控制点，逐步缩小路线活动范围，进而定出大体的路线布局。例如，在公路的起、终点及必须通过的控制点间可能沿某条河、越某座岭，也可能沿几条河、越几座岭。这可为下一步定线工作奠定基础。

路线布局是关系到公路质量的根本问题。如果总体布局不当，即使局部路线选得再好、技术指标确定得再恰当，也仍然是一条质量很差的路线。因此，在选线中首先应着眼于总体布局工作，解决好基本走向问题。整体布局是通过路线视察、方案比较来解决的。

2. 分段开展

在总体路线方案既定的基础上，在相邻主要控制点间划分段落，根据公路标准，结合其间具体地形通过试坡展线方法逐段加密细部控制点，进一步明确线路走法，即在大控制点间结合地形、地质、水文、气候等条件逐段定出小控制点，这样就构成了路线的雏形。这一步工作的关键在于研究与落实路线方案，为实现具体定线提供可能的途径。这一步工作如果做得仔细，研究得周到，就可以减少以后不必要的改线与返工。逐段安排路线是通过踏勘测量或详测前的路线勘察来解决的。

3. 具体定线

经过上述两步的工作，路线雏形已经明显勾画出来。具体定线就是根据技术标准和路线方案，在逐段安排的小控制点间，结合自然条件，综合考虑平、纵、横三方面因素，反复穿线插点，具体定出路线位置的工作。这一步更深入、更细致、更具体。具体定线在详测时完成。

由此可知，公路选线是一个由粗到细、由整体到具体的过程。只有布局合理，才能逐段安排到位，只有逐段安排到位，才有具体定线的结果。它是一个根据技术指标、自然条件、建筑材料、施工造价、养护条件、营运效益等综合考虑的结果。

  知识拓展

公路路线的选择，从选线至最后的定线是一门高深的学问，并且没有绝对的标准可以遵循。公路工程师应在衡量各种相关影响因素后，才能做出最后的定案，决不能草率。否则，一旦定线后的后遗症产生，社会成本将大幅度提高。

五、平原区选线注意事项

1. 平原区路线特点

平原区地面高差很小，除泥沼、盐渍土、河谷漫滩、草原外，一般多为耕地，且居民点较密，分布有各种建筑设施。在天然河网湖区，还具有湖泊、水塘、河多等特点。虽然地势比较平坦，路线纵坡及曲线半径等几何要素比较容易达到较高的技术标准，但往往受当地自然条件和地物障碍的影响，选线时要综合考虑多方面的因素。

2. 平原区选线时的注意事项

1）以平面为主安排路线。平面线形应采用较高的技术指标，避免采用长直线或小偏角，但不应为避免长直线而随意转弯。

2）正确处理路线与农业的关系。占用农田时要考虑路线的作用、对农业运输的效果、工程数量及造价等方面，全面分析比较确定，既不能片面为追求线形而大量占用农田，也不能片面不用农田，使路线弯弯曲曲，造成行车条件恶化。

3) 处理好路线与农田水利的关系。路线应与农田水利建设相配合，有利于农田灌溉，尽可能少和灌溉渠道相交，除特殊情况外，一般不要破坏灌溉系统。布线要注意尽量与干渠平行，减少路线与渠道相交，把路线布置在渠道上方非灌溉的一侧或渠道尾部。当路、渠方向基本一致时，可沿渠（河）堤布线，堤路结合，桥闸结合，以减少占用和便利灌溉。路线必须跨水塘时，可考虑设在水塘的一侧，并拓宽水塘取土填筑路堤，使水塘面积不致缩小。另外，应注意筑路与造田、护田相结合，当路线通过河曲地带，水文条件许可时，可以考虑路线直穿，截弯取直，改河造田，缩短路线。河曲带的路线改河造田布置如图2-1所示，围滩筑路造田的路线布置如图2-2所示。

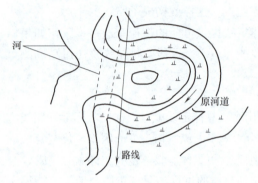

图2-1 河曲带的路线改河造田布置示意图

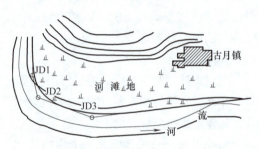

图2-2 围滩筑路造田的路线布置示意图

4) 处理好公路与城镇的关系。平原地区城镇较多，居民集中，经济、文化较为发达，人文环境丰富，选线时应以绕避为主，尽量不破坏或少破坏，并采用较高的技术指标通过。在避让局部障碍时，要注意线形的连续舒畅。另外，应注意与铁路、港口、机场、车站、已有道路等其他运输方式配合，以发挥综合运输效益。

5) 处理好路线与桥位的关系。选线时应该综合各方面因素考虑路线线位与桥位之间的关系，防止出现两种极端：一种是单纯强调桥位，造成路线过多的迂绕，或是过分强调正交桥位，出现桥头急弯影响行车安全；另一种是只顾线形顺直，不顾桥位，造成桥位不适合或斜交过大，增加建桥困难。

6) 注意土壤地质水文条件，确保路基稳定。在平原河网地区，应注意尽量避开软土地基，并根据河流及通航情况选择适当地点用较高的技术指标通过，并使交角适当，平纵线性组合良好，跨河构造物少。

知识拓展

路线交叉口的选择：公路与公路、公路与铁路及公路与其他公路或管线相交的形式称为交叉，相交的地方称为交叉口。交叉口是公路系统的重要组成部分，是公路交通的咽喉。如何正确设计交叉口，合理组织交通，对于提高交叉口的车速和通行能力，减少延误和交通事故，避免交通阻塞，保障交叉口行车通畅，都具有重要的意义。

项目二 公路选线与测设

交叉口设计的内容主要包括以下几项：
1）正确选择交叉口的形式，确定各组成部分的几何尺寸，包括行车道的宽度、转角曲线的转弯半径、各种交通岛的尺寸、绿化带的尺寸等。
2）进行交通组织，合理布置各种交通设施，包括设置专用车道和组织渠化交通。
3）验算交叉口行车视距，保证安全通视条件。
4）交叉口立面设计，布置雨水口和排水管道。

六、丘陵区选线注意事项

丘陵一般指相对高度不超过200m，起伏不大，坡度较缓，由连绵不断的低矮山丘组成的地形。中国自北至南主要有辽西丘陵、江淮丘陵和江南丘陵等。丘陵区一般又分为微丘区和重丘区。

微丘区是指丘岗低矮，顶部浑圆，地面自然坡度平缓，相对高差不大的地区。

重丘区是指丘岗较高，地面起伏较大，但无明显的山岭自然形态要素（山顶、山坡、山脚），地面自然坡度较陡，相对高差不大的地区。

无论微丘区还是重丘区，都会出现多条路线方案，选线时必须把每个可能的方案逐个筛选，确定最佳方案，如图2-3和图2-4所示。

图2-3 丘陵地区卫星图片示例

1. 丘陵区布线特点

1）局部方案多，路线走向灵活性大。
2）纵断面起伏较多，平面以曲线为主体。
3）需要路线平、纵、横三方面相互密切配合。
4）路基形式以半填半挖为主。

2. 丘陵区公路布线方式

1）平坦地带走直线。两个已知控制点间，地势平坦，应按平原区以方向为主导的原则处

图2-4 丘陵区公路示例

31

理。如其间没有地物、地质障碍，或应考虑到的风景、文物以及居民点，路线应走直线；如有障碍，或应考虑到的地点，则加设中间控制点，相邻控制点间仍以直线相连，路线转折处设长而缓的曲线。这样的路线是平坦地形上平、纵、横三面最好的统一体，不需无故拐弯。

2）匀坡线：两点间顺自然地形以均匀坡度所定的地面点的连线，如图2-5所示。

具有较陡横坡的地带沿匀坡线布线。在具有较陡横坡的地带，两个已定控制点间如无地物、地形、地质上的障碍，路线应沿匀坡线布线；如有障碍，则在障碍处附近加设控制点，相邻控制点间仍沿匀坡线布线。

3）起伏地带走直连线和匀坡线之间（走中间）。两已定控制点间包括一组起伏，即路线要交替跨越丘梁和坳谷，在两个相邻的梁顶（或谷底）之间出现一组起伏。在这种地形上布设路线，如沿直连线走，路线最短，但起伏很大，为了减缓起伏，势将出现高填深挖，增大工程量；如沿匀坡线走，坡度最好，但路线绕长太多，工程一般也不会省。这种"硬拉直线"和"弯曲求平"的做法都是不正确的。如果路线走在直连线和匀坡线之间，比直连线的起伏小，比匀坡线的距离短，而工程一般将是

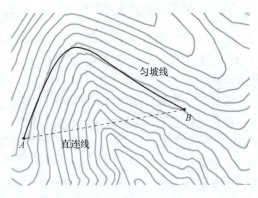

图2-5　匀坡线示意图

省的。总体而言，使用质量有所提高，工程造价有所降低，故在起伏地带应在直连线与匀坡线之间寻找最合理的路线方案。

两已定控制点间有多组起伏时，需要在每个梁顶（或每个谷底）都定出控制点，然后按包括一组起伏的方法处理各组起伏。已定控制点间包括的起伏组数越多，直连线和匀坡线所包范围越大，路线的方案也越多。布线可分头从两个已定控制点向中间进行，逐步减少包括的起伏组数，缩小直连线和匀坡线所包的范围，直到最后合龙。两个已定控制点间，有时因地形、地质、地物上的障碍，路线会突破直连线与匀坡线的范围。这种为了避让障碍所定的中间控制点，应视为又增加一个已定控制点，即这一控制点定下来后，实际上是把原来两定点间的路线分割成两段，此时，"走直连线和匀坡线中间"的原则分别使用于两段内。通过水库地区时，应考虑水库坍岸、基底沉陷的影响，以确保路基稳定。

3. 丘陵区公路选线要点

平面上不应强拉长直线，而要尽量利用与地形协调的长缓平曲线，路线转折不要过于零碎频繁，相距不远的同向曲线尽可能并为一个单曲线或复合线，反向曲线间应有一定长度的直线段，否则可设计成"S"形，如图2-6所示。

纵断面上起伏地区路线采用起伏坡型是缩短里程或节省工程的有效办法。但起伏不能太频繁，太急剧，坡长要放大些，坡度要缓一些，避免形成锯齿坡型和短距离的"驼峰"和"陷洼"，如图2-7所示；陡而长的坡道中间要利用地形插设缓坡段。竖曲线也应像平曲线那样，要长而缓，相距不远的同向曲线尽量连接起来，反向曲线最好有一段匀坡。

图 2-6 元江—磨黑高速公路小半径 S 桥

图 2-7 "锯齿"坡型公路

平、纵面的配合上，长陡下坡尽头避免设小半径平曲线。平、竖曲线的位置，在两者半径很大的情况下，各设在什么地方对行车并无太大影响；但在起伏地形如梁顶、沟底等处，使暗弯与凸竖曲线、明弯与凹竖曲线结合起来，则能增进行车安全感和路容的美观。但要注意两者的半径都要尽可能大些，特别是明弯与凹曲线重合处。因为这种地点，车速一般都比较高，半径太小，增加驾驶困难。最不好的情况是凸竖曲线与一个小半径平曲线相隔很近，因为凸竖曲线阻碍视线，驾驶员无法预先看到前方的平曲线，因此不能早做转弯准备，可能导致发生事故。为了避免这种情况，要把平、竖曲线重合起来，即使多费些工程也是可以的。

七、山岭区选线注意事项

山岭区是指地貌变化很大，有明显的山岭自然形态要素（山顶、山坡、山脚），地面自然坡度陡，相对高差大的地区。

山岭区的路线布设受山区地形、地质和气候条件的限制比较大。在地形方面，山高坡陡、沟深谷窄，路线平、纵、横三方面都受到约束；在地质方面，山区土层薄、岩层厚，岩层产状和地质构造变化复杂，影响路线的布设；在气候方面，山区暴雨多、山洪急，溪流水位变化幅度大是选线中不可忽视的因素。

1. 沿河线公路选线要点

沿河线是沿着山岭区内河溪的走向布置的路线。这种路线在平面上随河溪的地形而变动，在纵断面上坡度平缓；在横断面上路基形状适宜，路线走向与河溪的方向相一致。在路线走向脱离河溪方向时，须转为其他路线形式。沿河溪线应处理好河岸的选择、线位高低和跨河换岸地点三者间的关系。路线应选择在地形宽坦、有阶地可利用、支沟较少、沟长较短、水文及地质条件良好的一岸。有时为了避免开山毁林，减少对环境的影响，路线会拟合河流线，采用水中长桥的方式通过，如图 2-8 所示。除高等级公路外，路线宜选在村镇较多、人口较密的一岸，以方便群众。

临河陡崖地段，采用高线位时，应注意纵面高低均匀过渡；当采用低线位时，应注意废方的处理，防止废方堵河，导致水位抬高或改变水流方向。

河曲地段的凸出山嘴，可考虑深路堑或短隧道方案，如图 2-9 所示；对一般的河曲地段，可考虑改河方案，以提高路线技术指标。通过水库地区时，应考虑水库坍岸、基底沉陷

图 2-8　湖北省兴山县古昭公路

的影响，以确保路基稳定。

2. 越岭线公路选线要点

越岭线是路线走向与山脉方向大致垂直，沿着分水岭一侧山坡爬上山脊、在适当地点穿过垭口，再沿另一侧山坡下降的路线，如图 2-10 所示。垭口即连续山脊的一块平坦且相对较低的位置，也可以说是高大山脊的鞍状坳口。这种路线需适当盘绕，提升高程，所以纵坡较大，有时需要修建隧道。垭口选择：在符合路线基本走向的情况下，应综合地质、气候、地形等条件，从可能通过的垭口中选择高程较低和两侧利于展线的垭口。对于垭口虽高，但山体薄窄的分水岭，采用过岭隧道方案有可能成为更合适的越岭位置时，也应予以比较选择。

图 2-9　沿河线短隧道方案

图 2-10　越岭线

过岭高程：过岭高程是过岭线布局的重要控制因素，不同的高程会出现不同的展线方案。除工程地质不良和宽而厚的垭口外，一般可通过深挖方式过岭。当挖深在 30m 以上时，则应与隧道方案进行比较，如图 2-11 所示。

垭口两侧展线方案：首先应考虑自然展线，不得已时方可采用回头展线，如图 2-12 所示。回头展线应尽量利用山谷（主沟、侧沟）、支脉（山嘴、山脊）和平缓山坡等有利地形，并应尽量避免在一个山坡上布设较多和相距很近的回头曲线。越岭路线的纵坡应力求均匀，平均纵坡及纵坡长度应符合规定要求。一般不应设置反坡，特殊情况下设置反坡时，应予以比较论证。

越岭隧道：各级公路越岭线的隧道，其线形与其公路的衔接，应符合路线布设的规定。二级公路、三级公路、四级公路上的特长及长、中隧道位置，原则上应符合路线基本走向，路、隧综合考虑。

3. 山脊线公路选线要点

山脊线是路线走向与山顶分水岭线大致平行时的路线，如图 2-13 所示。这种路线大多是在山脊一侧布置，平面线形、纵坡和横断面都较易处理，问题在于如何把路线由山下引到山脊上来。如果地形困难无法引导，就不能采用这种路线形式。山脊线公路选线要点主要是处理好控制垭口、侧坡以及控制垭口间的平均坡度三者的关系。

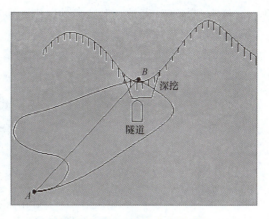

图 2-11　垭口处越岭方案选择

图 2-12　回头曲线实例

图 2-13　山脊线实例

1）控制垭口的选择：分水岭方向顺直、起伏不大时，每个垭口均可暂定为控制点；地形复杂、起伏较大且较频繁，各垭口高低悬殊时，宜以低垭口作为控制点，凸出的高垭口可以舍去；在有支脉横隔时，对相距不远、并排的几个垭口，应选择其中一个与前后联系条件较好的垭口作为控制入口。

2）侧坡的选择：当分水岭宽阔、起伏不大时，路线以设在分水岭顶部为宜。如需将路线设在其中一侧山坡时，应选择坡面较整齐，横坡较缓，地质水文情况良好，积雪、冰冻和支脉分布较少的一侧。

3）控制垭口间的平均坡度：两控制垭口间应力求距离短捷，坡度平缓。若控制垭口间平均坡度超过规定，则应视具体地形、地质条件、采取深挖、旱桥隧道等工程措施，也可利用侧坡、山脊有利地形展线。

4. 山腰线公路选线要点

山腰线是在山坡半腰上布置的路线。这种路线是随着山坡而行，平面线形可能弯曲较多，纵坡比较平缓，路基多半填半挖式，有时需要修建挡土墙，如图 2-14 所示。山坡布线一般选择非耕地或者对耕地影响不大的平缓地区进行布线。山坡有阳坡和阴坡之分，迎风面和背风面的气候差异也很大，在不影响路线整体布局的情况下，尽可能选择阳坡和迎风的一侧，这样有利行车和养护。对冰冻地区则布置在阴坡上，对路基的稳定更有利，但应注意采取减少积雪、涎流冰等措施。

注意避让不良地质地形，岩层松散和破碎严重的山坡不宜布线，山坡坡度大于45°时，路基稳定性受到影响，也不宜布线。

图 2-14　山腰线实例

按地形布设路线，要注意线形质量。当山坡线主要按地形布设时，应尽量减少填挖方数量，但不应过于迁就局部地形而影响线形和纵坡。

横断面形式上，山坡的横坡为20°以上时，宜设计为半填半挖，且断面挖方宜大于填方；当坡度为30°以上时，宜设计为路堑，这主要从路基的稳定性考虑，防止路基沿山坡下滑。防护工程方面，在布线时要考虑挡土墙、护面墙等防护工程的位置、形式和结构，以便确定路中线位置时，为布置防护工程预留足够的宽度（中线向山坡内侧靠一些）。

知识拓展

避险车道：山区公路为克服道路高差，设置连续长坡难以避免。连续长下坡和重型车辆的结合存在着潜在的危险，超载超限又加剧了危险。近年，我国的事故统计表明，山区公路的事故主要集中在长陡下坡，而且事故后果严重。长下陡坡连续制动容易导致制动毂温度急剧上升，引发制动系统出现功能性故障，发生车辆失控的现象。

为了解决长下陡坡路段因刹车失灵而引起的交通安全问题，避险车道应运而生，国内外工程经验已经证实避险车道是减少连续下坡路段制动失灵有效、主要的工程措施。避险车道最早起源于美国的加利福尼亚，并且作为连续长大下坡的工程保护措施迅速推广，如图 2-15 所示。我国第一条避险车道建于1998年的八达岭高速公路。八达岭高速公路修建了四处避险车道，开始采用细砂作

图 2-15　避险车道

为铺装材料，发现细砂遇水容易板结，于是换成了石砾。后发现如不常翻动，如经常有失控车辆碾压，由于石头有不同棱角，可相互填补缝隙，容易压实，削弱避险车道的作用。经过几次的应用，最终认为卵石效果最好，最终使用的是5cm左右的卵石。

避险车道是为失控车辆设计的，因此它的平面线形应该是直线。如果采用小半径曲线，失控车辆极有可能沿曲线切线方向冲出避险车道。避险车道的纵断面线形也应为直线。小半径竖曲线的避险车道对司机和车辆来说存在潜在的危险。从受力的角度来说，这是一种非常不合理的线形，失控车辆在小半径竖曲线上高速行驶时，会产生时刻变化的向心力，和其他力合成可能产生很大的合力，有可能超过司机或车辆所能承受的范围。

为了能够使失控车辆较为容易地驶进避险车道，避险车道与主线的交角应尽可能小，以小于5°为宜。理想的避险车道宽度9~12m，应保证一辆以上的车辆进入避险车道。在一些征地困难的地区，8m宽的避险车道也可以满足要求。另外，为了避免车辆超越避险车道造成翻越山崖或撞至避险车道端部，导致车毁人亡的事故发生，避险车道还要满足长度要求，一般避险车道长度应在120m以上。

八、路线方案比较

方案比较是选线中确定路线总体布局的有效方法，在可能的多种路线方案中，通过比较和取舍，选择技术合理、费用经济、切实可行的最优方案。路线方案的取舍是路线设计中的关键问题。方案是否合理，不仅关系到公路本身的工程投资和运输效率，最重要的是影响到路线在公路网中的作用，并且直接关系到是否满足国家政治、经济及国防的要求和长远利益。

1. 路线方案的拟定

主要控制点（据点）：路线起终点及中间必须经过的重要城镇及地点。

路线走向：各主要控制点的连线所反映的总方向或大走向。

主要控制点和路线走向通常在项目规划阶段、可行性研究阶段已确定。

2. 影响路线方案选择的主要因素

（1）选择路线方案应综合考虑的主要因素

1）路线在政治、经济、国防上的意义，国家或地方建设对路线使用任务、性质的要求，改革开放、综合利用等重要方针的体现。

2）路线在铁路、公路、航道、空运等交通网络中的作用，与沿线城镇、工矿等规划的关系，以及与沿线农田水利等建设的配合及用地情况。

3）沿线自然条件的影响。

4）设计道路主要技术标准和施工条件的影响。

5）与沿线旅游景点、历史文物、风景名胜的联系等。

（2）评价路线方案的主要技术指标、经济指标

1）路线长度。

2）线形标准、技术指标。

3）占地面积。

4）工程数量：土石方、路面、桥涵、挡土墙、防护工程。

5）材料用量：钢材、水泥、木材。

6）劳动力：数量、来源。

7）工程总造价。

3. 路线方案选择的方法和步骤

路线方案是通过许多方案的比较淘汰而确定的。指定的两个主要控制点之间的自然情况越复杂、距离越长，可能的比较方案就越多，需要淘汰的方案也就越多。为了提高选择方案的效率，要尽可能收集已有资料，先在室内进行研究筛选，淘汰掉一些不合理的方案，然后就最佳的而且优劣难辨的有限方案进行调查或踏勘。

路线方案选择的做法通常是：

搜集与路线方案有关的规划、计划、统计资料及各种比例尺的地形图、航测图、水文、地质、气象等资料。

根据确定了的路线总方向和公路等级，先在小比例尺（1:50000 或 1:100000）的地形图上，结合搜集的资料，初步研究各种可能的路线走向。研究重点应放在地形、地质、地物复杂，外界干扰多，牵扯面大的段落。例如，可能沿哪些溪沟，越哪些垭口，路线经城镇或工矿区时，是穿过、靠近，还是避开而以支线连接等，要进行多种方案的比选，提出哪些方案应进行实地踏勘。

按室内初步研究提出的方案进行实地调查，连同野外调查中发现的新方案都必须坚持跑到、看到、调查到，不遗漏一个可能的方案。

野外调查要求做到以下几点：

1）初步落实各据点的具体位置，路网规划所指定的控制点，如确因干扰或技术上有很大困难或发现不合理必须变动，应及时反映，并经过分析论证提出变动的理由，报有关部门审定。

2）对路线、大桥、隧道均应提出推荐方案，对于确因限于调查条件不能肯定取舍的比较方案，应提出进一步勘测比较的范围和方法。

3）分段提出采用技术标准和主要技术指标的意见。

4）在深入调查的基础上，通过比较选定路线必经的控制点，如越岭的垭口、跨较大河流的桥位、与铁路或其他公路交叉地点，以及应绕避的城镇及大型的不良地质等。对于地形、地质、地物情况复杂的地区应提出路线具体布局的意见。

5）分段估算各种工程量，如路基土石方数量、路面工程量，桥梁、涵洞、隧道、挡土墙等的长度、类型、式样和工程数量等。

6）经济方面应调查路线联系地区的资源情况、工矿、农、林、牧、副、渔业及其他大宗物资的年产量、年输出量、年输入量、货运流向及运输季节和运输工具，路线联系地区的交通网系规划，预计对路线运量发展的影响，沿线人口、劳动力、运输力、工资标准等资料，供估算交通量、论证路线走向及控制点的合理性和拟定施工安排的原则意见参考。

7）对其他如沿线民族习惯、居住情况、生活供应、水源、运输条件、气候特征、沿线林木覆盖、地形险阻、有无地方病疫和毒虫害兽等情况也应进行调查，为下一步勘测提供依据。

最后分项整理汇总调查成果，编写工程可行性研究报告，为升级编制或补充修改设计任务书提供依据。

4. 路线方案比较实例——125 省道高邮东段路线方案

（1）项目背景 根据《江苏省省道公路网规划（2011—2020 年）》，125 省道起于盐城伍佑镇的 331 省道，途经盐城尚庄、大纵湖、临泽、高邮、大仪、仪征，终于仪征 356 省道，路线全长约 161km，是连接南京与盐城的快速干线通道。其中高邮段全长约 84km。经调查，125 省道盐城大部分段落按一级公路标准建成。根据高邮市 2017 年重大交通项目报告计划，将全面启动 125 省道高邮东段路线方案研究，里程约 50km，如图 2-16 所示。

图 2-16 路线走廊图

（2）建设的必要性

1）125 省道是打造盐城、兴化、高邮、仪征四县市快速路网，进一步构筑南京与盐城间快速干线通道的需求。

2）125 省道是促进高邮东部六乡镇社会经济发展，加强区域联动的需要。

3）125 省道是进一步完善和提升高邮北部路网结构，均衡路网密度的需要。

4）125 省道是有效分流现状 233 国道过境货运交通，提升道路交通安全的需要。

5）125 省道是构筑与沿海开发区域之间的快速出行通道的需要。

（3）现状路网布局 目前高邮市地区主要有"二纵二横"干线公路，二纵为 233 国道、264 省道，二横为 344 国道、新 333 省道。344 国道紧贴高邮、宝应边界，新 333 省道位于高邮南部，两条干线公路间距约 31km，中间仅有二、三级县道相连，缺少高等级的干线公路。由于 G2 京沪高速的阻隔，233 国道对高邮东部几乎没有带动作用，264 省道高邮北段现状为二级公路，道路服务功能远远不能满足现状交通增长的需求，且两条省道间距偏大，结构不合理，如图 2-17 所示。

另外，目前已有的两条纵向国省干线公路存在不足。

233 国道自通车以来，车流骤增，交通安全隐患日益突出，经调查，路段的货车占比高达六成以上，造成交通事故多、道路病害频发，且货车穿越城区段对沿线居民的生产生活均造成了极大的干扰，交通矛盾日益尖锐。

264省道项目南段（三垛至江都段）为一级公路标准，北段（三垛至宝应段）为二级公路标准。自项目开通以来，一直成为宝应、高邮、江都南北向的货运交通主干道，道路服务水平已远远不能满足日益增长的交通需求，道路病害、交通事故频率均高，交通矛盾也日渐突出。

（4）建设方案 本项目在高邮北部的横向路线从临泽镇通过，从节省资源的角度，可与规划研究中的344国道走廊带联合考虑。路线在纵向上从周山镇东部向南，经龙虬镇东部，接新333省道。

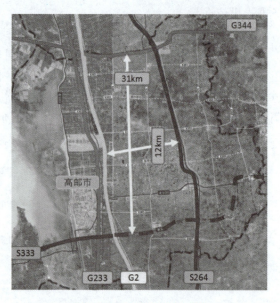

图2-17 现状路网布局图

而研究中的344国道在临泽存在两个路线方案，如图2-18所示。

图2-18 344国道路线方案

北线方案：从临泽镇北侧通过，进入宝应往西至界首附近。
南线方案：从临泽镇南部通过，整体在高邮境内往西至界首附近。
设计方拟定了四个方案进行比较，各路线方案的主要指标表见表2-1。

表2-1 建设方案对比

比较项目	方案一	方案二	方案三	方案四
方案描述	与344国道北线方案共线	与344国道南线方案共线	与344国道南线方案共线	利用X302通道
路线长度/km	53（高邮约46）	52.9	50.1	46.1
125省道实际建设里程/km	38	32	39	47

(续)

比较项目	方案一	方案二	方案三	方案四
预估新增征地/亩	1994	1679	2046	2466
预估建安费（亿元）	14.4	12.2	14.8	17.9
预估总造价（亿元）	19.2	16.2	19.7	23.8
预估省补资金（亿元）	3.7	3.4	3.8	4.4
优点	1. 与344国道改线推荐位一致，路线较为顺直，125省道与兴化、盐城的衔接更便捷 2. 344国道部分位于宝应境内，高邮段建设里程短，投资规模小 3. 233国道货运交通可直接利用本项目（一次到位），从高邮界外围剥离	1. 对临泽、周巷经济发展带动明显 2. 项目均位于高邮境内，协调难度小 3. 233国道货运交通可直接利用本项目（一次到位）	与兴化规划一致，协调容易	近期233国道过境交通可利用X302实现分离
缺点	1. 宝应目前尚未启动344国道项目，本项目受到制约 2. 344国道位于高邮东北角仅10km，对高邮带动作用小	1. 高邮段344国道和125省道建设里程长，投资大 2. 344国道需与宝应进一步协调	125省道存在两处转折，总体线形不顺畅	1. 远期233国道分离过境交通，需向北延伸约8km至344国道 2. 125省道存在两处转折，总体线形不顺畅

请结合所学知识思考应该选择哪种方案？

任务二　公路初测

一、路线测量的作业流程

路线测量是决定路线平面线形与纵断面线形及附属结构物位置的一种应用测量，其测量内容包括地形测量、三角测量、导线测量、中心线定线测量、纵断面测量及横断面测量等作业。

由于路线线形及结构物的不同，我们也可将其分为：

1）以交通运输为目的的铁路、道路、运河等。

2）以水力发电、灌溉、排水为目的的水路。

3）其他以搬运为目的的索道、电线、架空线等。

以上均属于路线测量的范围，但海岸及河川等线形是天然形成的结构物，不包括在路线测量范围之内。

路线测量广义的内容是包括上述各种线形测量，狭义的内容是单指路线线形的布设测量。

一般而言，路线测量的作业流程如图 2-19 所示。

二、踏勘调查事项

踏勘的意义是根据地形图或道路沿线资料，到现场直接勘察，并作详细的调查，以了解道路沿线的各种情况，其主要目的在于修正图上选线不合理之处，并比较各路线的优劣，以供选线参考。

踏勘应调查的主要项目可分为经济调查事项及现场查对（或校核）事项，说明如下：

1）经济调查事项：

① 沿线重要资源的种类及其价值。

② 是否有未开发的矿石、森林、水资源及农垦地。

③ 是否有工厂、公共设施（如学校、医院等）。

④ 沿线的人口分布、生活水准、风俗习惯等。

⑤ 经济中心的所在地及交通机关的现状等。

⑥ 沿线土地的地目、面积、地价、所有权（公有、私有）及其使用的情形。

2）现场查对事项：

① 山谷及河川的坡度、水流方向。

② 桥梁的位置现状、桥墩高度及基础是否稳固（尤其注意基桩是否受冲刷）。

③ 河川的安定度及河床的状况（如雨量、流量、水位及最高洪水位等）。

④ 估计土方的数量。

⑤ 隧道的位置及其长度。

⑥ 阻碍路线的地上建筑物位置及数量。

⑦ 有迁移困难的寺庙、古树名木及纪念物等的位置及数量。

⑧ 地质的优劣、表土的深度、地质及地盘的支撑力等。

⑨ 是否有特殊的地形及其位置（如断层、悬崖及沼泽等地区）。

⑩ 勘察停车场的位置。

⑪ 下雪、积雪及雪崩的状况。

⑫ 工程材料搬运是否困难、运费及存放材料的场所等。

⑬ 现场雇工工资及施工房舍位置。

⑭ 选定取土区（或借土区）及弃土区的位置及范围。

⑮ 沿线的电力情况。

⑯ 选定测量队沿线住宿场所。

⑰ 沿线的气象调查等。

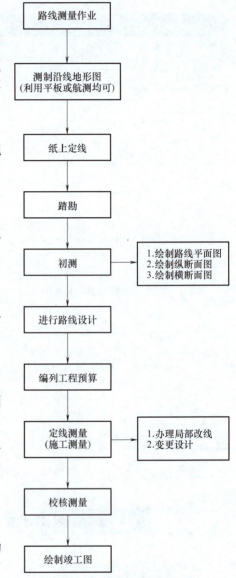

图 2-19 路线测量作业流程图

项目二 公路选线与测设

> **知识拓展**
>
> 公路踏勘应携带的器材除一般个人行李、急救箱之外,还需准备下列各物品,例如:
> 便携式水准仪——踏勘时可用来估计路线的高低差。
> 标杆——用来选定路线。
> 卷尺——测量距离。
> 小圆规——用来画圆曲线。
> 气压计——粗略测定路线高度。
> 全站仪——测定垂直角度。
> 相机——拍摄特殊地形,以供定线参考。
> 望远镜——观察较远处的地形,以供选线参考。
> 计算器——计算高程、距离、曲线各要素等。
> 笔记本——记载沿线特殊地形。
> 其他清除视线的工具(如斧头)以及登山用具。
> 如有大桥梁或隧道时可携带地质调查用的探测仪器,以了解地质状况。

三、初测的目的与作业方法

初测又称为概测或草测,其目的是要获得有关路线的进一步资料,以供工程预算的编制,并作为定线测量的准备。因此初测非常重要。初测作业成果的好坏直接影响到将来施工的进展顺利与否,所以初测作业应选择有经验的选线测量人员,才能使初测的作业达到迅速、有效。

初测作业的方法大致上可分为两种,详述如下:

第一种:利用航空摄影的方法获取沿线的照片,然后利用立体制图仪器绘制 1:50000 的地形图,经过图上选线之后绘制地形图之前应先到现场查对,以免隐蔽部分产生不正确的地形而影响施工的进展。

第二种:直接组成测量队到路线预定地区测绘较大比例尺的地形图(比例尺的大小可以依道路的等级而定),然后经图上定线之后,再测定路线的中心线、纵断面及横断面。根据施测的成果绘制道路平面图、纵断面图、横断面图,以供编制预算及定线测量参考。

其中现场测绘法较为精确可靠,但费时较多,尤其在山岭区或其他地形复杂区域施测较为困难,所花的时间、经费及人员也较多。近年来较长路线的地形测量大多采用无人机航测的方法,然后再派人直接到现场勘察,其最大的优点为可获取较大面积的地形,以便选择多条替代路线详加比较,提供决策的参考。

(1) 导线测量　导线是在地面上布设的若干直线连成的折线,作为路线方案比较的控制线。初测的导线测量主要是对导线长度、转角和平面坐标的量测工作。

1) 导线布置。初设导线的布设应全线贯通。导线点应选在稳固处,导线点宜尽量接近路线的位置,并便于测角、测距、测绘地形及定线放线。导线点的间距应为 50~500m,布设导线点时,应做好现场记录,并绘出草图。

2) 导线长度测量。导线点距离可用光电测距仪或全站仪测量,也可用钢尺和基线法测量，其相对限差为 1/1000。

3）水平角测量。水平角测量采用全圆测回法测量角度，经纬仪精度指标不低于 J_6 级。两个半测回限差在 40″ 内取平均值，附合导线和闭合导线限差为 $\pm 60″\sqrt{n}$（n 为测站总数）。施测中每天至少观测一次磁方位角，其校核差不大于 2°。

三角形的角度测量精度见表 2-2。当角值限差在规定范围内时，取其平均值。

表 2-2 角度测量精度

仪器等级	三角形度数（°）		测 回 数	半测回限差
	最 小	最 大		
J_2	7	130	1	20″
J_6	12	120	1	40″

当路线起、终点附近有国家或其他部门的平面控制点，且引测较方便时，可根据需要进行联测，形成闭合导线。

（2）高程测量　高程系统宜优先采用 1985 国家高程基准。高程系统应统一，不能采用同一系统时，应给定高程系统的转换关系。高程测量采用水准测量，特殊地段可采用三角高程测量。水准点的布设应在公路中心线两侧 50~300m 范围之间，平原微丘区间距宜为 1~2km；山岭重丘区 0.5~1km。在控制点处应增设水准点。

（3）地形测量　初测路线地形图必须全线贯通测绘，在具体测绘时，为保证测设精度应尽量以导线点作测站。必要时可以根据导线点用视距法或交会法设置地形转点。

（4）小桥涵勘测　初测时的小桥涵（包括漫水工程）勘测的主要工作内容包括：搜集有关资料，拟定桥涵位置、结构类型、孔径、附属工程的基本尺寸，初步计算工程数量。

（5）其他勘测调查　概算资料的调查按《公路工程基本建设项目概算预算编制办法》（JTG B06—2007）的有关规定进行。调查的内容与预算资料调查大致相同。

此外，公路初测还应进行路线交叉勘测、临时工程资料调查、杂项调查及勘测等工作，收集相应的资料。

（6）内业工作　初测内业工作内容包括：

1）复核、检查、整理外业原始记录资料，做到资料无误。对于其他部门收集的资料应做到正确取用。

2）进行纸上定线及局部方案比选，纸上定线应按《公路路线设计规范》（JTG D20—2017）的规定进行。对地形、地质、水文等条件复杂、工程艰巨的路段，应拟定出可能的比较线位方案，进行反复推敲，确定采用线位。

3）综合检查定线成果：综合检查路线线形设计及有关构造物布设的合理性，并进行必要的现场核对。

4）图表制作和汇总：根据初步设计及现行《公路工程基本建设项目设计文件编制办法》的有关要求，对初测的原始资料进行整理及图表制作和汇总。

四、初步设计工作任务及工作流程

公路在初步设计时的工作任务有以下几项：

1）测量：地形图应包括现有地上、地下的公共管线位置，如电力、电信、瓦斯、自来水及地下排水管道等。

2）初步交通分析：预测年平均日交通量，以公路容量分析确定车道数及交通流量、匝道的初步设计。

3）拟定设计速率及几何标准：包括设计车辆、最小半径、超高、视距、纵坡标准等。

4）平面、纵断面设计图：平面应显示中心线的角度、方向、半径及里程数。纵断面应含现有地面高、纵坡及竖曲线设计。

5）标准横断面图：含路基及铺面厚度、主车道宽度、路肩宽度及横竖向净宽及净高、横断面排水坡度、路堤及路堑边坡的坡度等。

6）计算排水面积：设计初步排水管，包括观景大小、平面进出水口位置及纵向坡面设计图，如无排水面积资料，经主管工程司允许，可依据现有排水管沟判断设计。

7）决定路权位置，并计算面积大小供估价使用。

8）桥梁、涵洞、隧道于平面及纵断面上表示起终点位置、宽度、河流名称及流向、河床剖面、桥台、桥墩位置及挡土墙长度等。

9）初步数量计算，包括土方、路基、路面、标志、标线、照明、排水及结构工程的概估。

初步设计典型工作流程图如图 2-20 所示。

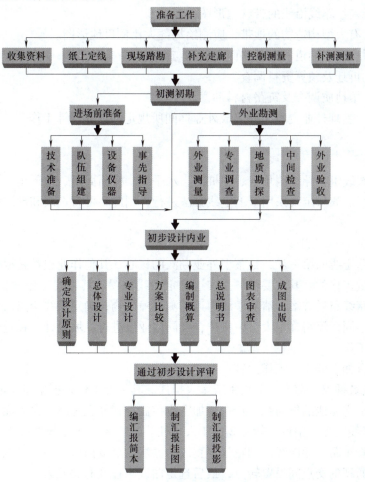

图 2-20　初测（初勘）及初步设计工作步骤流程图

任务三　公路定测

一、道路定测的任务与内容

（1）公路定测的任务　公路定测，即定线测量，是指施工图设计阶段的外业勘测和调查工作。其具体任务是：根据上级批准的初步设计，具体核实路线方案，实际标定路线或放线，并进行详细测量和调查工作。

（2）公路定测的内容及步骤

1）对初步设计方案进行补充勘察，如有方案变化应及时与有关主管部门联系，并报上级批准。

2）实地选定路线或实地放线（纸上定线）时，进行测角、量距、中线测设、桩位固定等工作。

3）引设水准点，并进行路线水准测量。

4）路线横断面测量。

5）测绘或勾绘路线沿线的带状地形图。

6）对路段有大型构造物的地带，应测绘局部大比例尺地形图。

7）进行桥、涵、隧道、路基路面的勘测与调查。

8）占地、拆迁及预算资料调查。

9）沿线土壤地质调查及筑路材料勘察。

10）检查及整理外业资料，并完成外业期间所规定的内业设计工作。

二、道路定测的分组与分工

定测分为选线组、导线测角组、中桩组、水平组、横断面组、地形组、调查组、内业组八个作业组进行。如果定线采用纸上定线方法进行，则此时可将选线和导线测角组合成一个放线组。

1. 选线组的任务和分工

选线是公路定线的第一步，是整个外业勘测的核心，其他作业组都是根据它所插定的路线位置开展测量工作的。其主要任务是实地确定中线位置。其主要工作就是进行路线察看，并进一步确定路线布局方案；清除中线附近的测设障碍物；确定路线交点及转角并钉桩，选定曲线半径；会同桥涵组确定大、中桥位；会同内业组进行纵坡设计。在越岭线地带，还需进行放坡定线工作。

选线主要有如下分工及工作内容：

1）前点放坡插点。前点一般由1或2人担任。其主要工作是根据路线走向，通过调查、量距或放坡，确定路线的导向线，进一步加密小控制点，插上标旗，供后面定线参考。

2）中点穿线定点。中点一般由2或3人担任。其主要工作是根据技术标准，结合地形及其他条件，修正路线导向线，用花杆穿直线的办法，反复插试，穿线交点，并在长直线或在相邻两互不通视的交点间设置转点，最后选定曲线半径及有关元素。

3）后点测角钉桩。后点一般由2或3人担任。其主要工作是用森林罗盘仪初测路线转角以供中点选择曲线半径用，钉桩插标旗，并给后面的作业组留下半径及其他有关控制条件的纸条。

2. 导线测角组的任务和分工

导线测角组紧跟选线组工作。其主要任务是标定直线与修正点位；测角及转角计算；测量交点间距；平曲线要素计算；导线磁方位角观测及复核；经纬仪视距测量；交点及转点桩固定；做分角桩；测定交点高程，设置临时水准点；协助中桩组布设难度大的曲线等工作。

为确保测设质量和进度，定线与导线测角应紧密配合，相互协作。作为后继作业的导线测角组，要注意领会选线意图，发现问题及时予以建议并修正补充，使之完善。

导线测角组一般由4人组成，其中仪器操作1人，记录计算1人，插杆跑点1人，固桩1人。其主要内容如下：

（1）标定直线与修正点位

1）标定直线。标定直线主要是对长直线而言。当直线很长或直线间地形起伏较大时，为保证中桩组量距时穿杆定线的精度，用全站仪或经纬仪标定若干导向桩。

2）修正点位。修正点位是指两交点互不通视时，测角组用全站仪或经纬仪进行穿线和对交点位置的微小修正工作，修正点位，正倒镜的点位，横向误差每100m不能大于10mm。在限差之内，分中定点。

（2）测角与计算

1）测右角。路线测角一般规定为测右角，用全站仪或经纬仪以测回法进行观测。

2）计算转角。转角指后视导线的延长线与前视导线的水平夹角，根据右角计算，如图2-21所示。

图2-21 路线转角的计算

（3）平距与高程测量 通常多用光电测距仪或全站仪测定两相邻交点间的平距和高差。测点（交点或转角）间的距离一般不宜长于500m。

（4）做分角桩 为便于中桩组布设平曲线中点桩号（QZ），在测角的同时需做转角的分角线方向桩。分角桩方向的水平度盘读数按下式计算

$$分角读数=(前视读数+后视读数)/2 （右转角）$$
$$分角读数=(前视读数+后视读数)/2+180° （左转角）$$

（5）方位角观测与校核 为避免测角时发生错误，保证测角的精度，应在测设的过程中经常进行测角检查。检查通常是采用森林罗盘仪或带有罗盘仪的经纬仪通过观测导线边的磁方位角进行的，为保证精度，定测计算所得的磁方位角与观测磁方位角的校差不应超2°。

磁方位每天至少应该观测一次（一般在出工或收工时进行观测）。

（6）交点桩的保护和固定 在测设过程中，为避免交点桩的丢失及方便以后施工时寻

找，交点桩在定测时必须加以固定和保护。

交点桩的保护一般采用就地灌筑混凝土的办法进行。混凝土的尺寸一般深 30~40cm，直径 15~20cm 或 10~20cm 见方。

固桩则是将交点桩与周围固定物（如房角、电杆、基岩、孤石等）上某一不易破坏的点联系起来，通过测定该点与交点桩的直线距离，将交点位置确定下来，以便今后交点桩丢失时可以及时恢复该交点桩。

用作交点桩固定的地物点应稳定可靠，各点位与交点桩连线之间的夹角应不小于 90°，固定点个数一般应在两个以上，如图 2-22 所示。

固桩完毕后，应及时画出固桩草图，草图上应绘出路线前进方向、地物名称、距离等，以便将来编制路线固定表用。

3. 中桩组的任务和分工

中桩组的主要任务是根据选线组选定的交点位置、曲线半径、缓和曲线参数（或缓和曲线长度）及导线测角组所测得的路线转角，进行量距、钉桩、布设曲线及桩号计算。

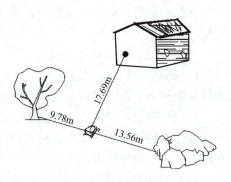

图 2-22　固桩示意图

中桩组一般由 7 人组成，其中前点 1 人，负责寻找前方交点，并插前点花杆；拉链 2 人，分别为前链手和后链手，其中后链手负责指挥前链手进行穿线工作；卡链 1 人，负责卡定路线中桩的具体位置；记录计算 1 人，负责进行桩号计算，并记录中桩编号，累计链距等工作；写桩 1 人，负责中桩具体书写工作；背桩打桩 1 人。

工作内容如下：

1）中线丈量。中线丈量是指丈量路线的里程，通常情况下我们把路线的起点作为零点，以后逐链累加计算。

量距一律采用水平距离。量距时一般用皮卷尺进行，公路等级要求较高时，最好是采用钢尺或光电测距仪进行。量距累计的导线边边长与光电测距仪测得的边长的校差不应超过边长的 1/2000，否则应返工。

2）中桩钉设。中桩钉设与中线丈量是同时进行的。需要钉设的中桩包括：路线的起终点桩、公里桩、百米桩、平曲线控制点（主点桩）、桥梁或隧道中轴线控制桩以及按桩距要求根据地形、地物需要设置的加桩等。

直线路段上中桩的桩距一般为 20m，在平坦地段也不超过 50m。位于曲线上的中桩间距一般为 20m，但当平曲线半径为 30~60m，缓和曲线长为 30~50m 时，桩距不应大于 10m；当平曲线半径及缓和曲线长小于 30m 或用回头曲线时，桩距不应大于 5m。

此外，在下列地点应设加桩：

① 路线范围内纵向与横向地形有显著变化处。

② 与水渠、管道、电信线、电力线等交叉或干扰地段起、终点。

③ 与既有公路、铁路、便道交叉处。

④ 病害地段的起、终点。

⑤ 拆迁建筑物处。

⑥ 占用耕地及经济林的起、终点。

⑦ 小桥涵中心及大桥、中桥、隧道的两端。

中桩位置丈量用花杆穿线定位，桩位允许误差：纵向 $\frac{s}{1000}+0.1$mm（s 为交点或转点至桩位的距离，以 m 计），横向 10cm。

曲线测设时，应先测设曲线控制桩，再测设其他桩。当圆曲线长度大于 500m 时，应用辅助切线或增设曲线控制点分段测设。曲线闭合差纵向不超过 ±1/1000 曲线长，横向误差应不超过 ±10cm。中线闭合差不应超过下列规定：水平角闭合差 $±60''\sqrt{n}$，长度相对闭合差 ±1/1000。

3）写桩与钉桩。所有中桩应写明桩号，转点及曲线桩还应写桩名，为了便于找桩和避免漏桩，所有中桩应按每公里在背面编号。中桩的书写常用红油漆或油笔。

4）断链及处理。在丈量过程中，出现桩号与实际里程不符的现象称为断链。断链的原因有很多，但主要指两种：一种是由于计算和测量发生错误造成的；另一种则是由于局部改线、分段测量等客观原因造成的。

断链有"长链"和"短链"之分，当路线桩号长于地面实际里程时称为短链，反之则称为长链。其桩号写法举例如下：

长链：GK3 + 110 = K3 + 105.21 长链 4.79m。

短链：GK3 + 157 = K3 + 207 短链 50m。

所有断链桩号应填在"总里程及断链桩号表"上，考虑断链桩号的影响，路线的总里程应为

$$路线总里程 = 终点桩里程 - 起点桩里程 + \sum 长链 - \sum 断链$$

4. 水平组的任务和分工

水平组的任务是通过对路线中线各中桩高程进行测量，并沿线设置临时水准点，为路线纵断面和横断面设计及施工提供高程资料。

水平组通常由 6 人组成，分基平和中平两个组。中平主要对各中桩进行水准测量，基平则主要是设置临时水准点并进行交点高程的测量。当导线测角采用光电测距仪时，可不设基平组，其任务由导线测角组代替。

1）水准点的设置。水准点的高程应引用国家水准点，并争取沿线联测，形成闭合导线。采用假定高程时，假定高程应尽量与实际接近，可借助于 1∶10000 或 1∶50000 地图进行假定。

水准点沿线布设应有足够的数量，平原微丘区间距为 1~2km；山岭重丘区间距为 0.5~1.0km。在大桥、隧道、垭口及其大型构造物所在处应增设水准点。水准点应设在测设方便、牢固可靠的地点。设置的水准点应在记录本上绘出草图，并记录位置及所对应的路线的桩号，以便编制"水准点表"。

2）基平测量。基平测量应采用不低于 S_3 级的水准仪，采用一组往返或两组单程测量。其高程闭合差应不超过 $±30\sqrt{l}$（l 为单程水准路线长度，以 km 计），符合精度要求时取平均值。水准点附合、闭合及检测限差也应满足上述精度要求。测量时的视线长度，一般不大于 150m，当跨越河谷时可增至 200m。

3）中平测量。中平测量可使用 S_{10} 级的水准仪采用单程进行。水准路线应起、闭于水准

点，其限差为 $\pm 30\sqrt{l}$。中桩高程取位至厘米级，其检测限差为 $\pm 10\text{cm}$。导线点检测限差为 $\pm 5\text{cm}$。

5. 横断面组的任务和分工

横断面组作业的主要任务是在实地逐桩联测每个中桩在路线横向（法线方向）的地表起伏变化情况，并画出横断面的地面线。路线横断面测量主要是为路基横断面设计、土石方计算及今后的施工放样提供资料。

工作内容如下：

1）横断面方向的确定。要进行横断面测量，必须首先确定横断面的方向。在直线路段，横断面的方向与路线垂直；而在曲线段，横断面的方向与该点处曲线的切线垂直。

2）直线上的横断面方向用方向架或经纬仪作垂线确定。曲线上的横断面方向，根据计算的弦偏角，用弯道求心方向架或经纬仪来确定。

3）横断面测量以中线地面点即中桩位置为直角坐标原点，分别沿断面方向向两侧施测地面各地形变化特征点间的相对平距和高差，由此点绘出横断面的地面线。

横断面测量方法常用的有：

1）抬杆法。如图 2-23 所示，利用花杆直接测得平距和高差。此法简便、易行，所以被经常采用。它适用于横向变化较多较大的地段，但由于测站较多，测量和积累误差较大。

2）手水准法。此法原理与抬杆法相同，仅在测高差时用水平花杆测量，量距仍用皮尺，如图 2-24 所示。与抬杆法相比，此法精度较高，但不如抬杆法简便，一般多适用于横坡较缓的地段。

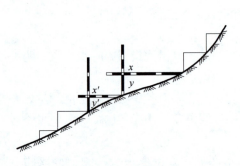
图 2-23　抬杆法

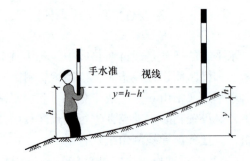
图 2-24　手水准法

3）特殊断面的施测方法。在不良地质地段需做大断面图时，可用经纬仪进行视距测量和三角高程测量以施测断面。对于一些陡岩地段，如图 2-25 所示，可用交会法定 A、B 点，用经纬仪或带角手水准测出 α_A 和 α_B 并丈量 l，图解交会出 C 点。交会时交角不宜太小，距离 l 应有足够的长度。对于深沟路段可用钓鱼法施测，如图 2-26 所示。对于高等级公路，应采用经纬仪皮尺法、经纬仪视距法等方法施测。

横断面图的点绘一般采用现场一边测量一边点绘的方法。其优点是：外业不做记录，点绘出的横断面图能及时核对，消除差错。点绘的方法是：以中桩点为中心，分左右两侧，按测得的各侧相邻地形特征点之间的平距与高差或倾角与斜距等逐一将各特征点点绘在横断面图上，各点连线构成横断面地面线。当现场无绘图条件时，也可采用现场记录、室内整理绘图的方法，其记录的格式见表 2-3。

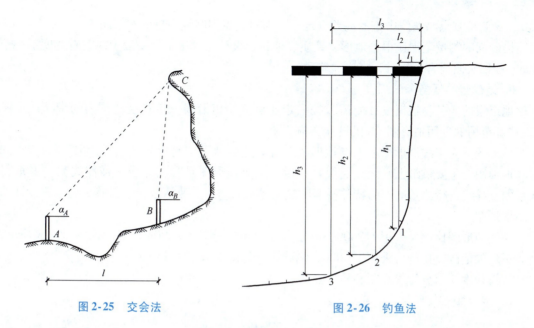

| 图 2-25 交会法 | | 图 2-26 钓鱼法 |

表 2-3 横断面记录格式

左　　侧	桩　　号	右　　侧
$\dfrac{+0.6}{2.9},\dfrac{0}{4.1},\dfrac{-1.2}{5.6}\cdots$ $\cdots$	K1+240 K1+260	$\cdots\dfrac{+0.2}{2.5},\dfrac{+0.8}{3.6},\dfrac{-0.5}{4}$ $\cdots$

横断面图应点绘在透明坐标纸上，点绘时应根据桩号的大小，根据从图下方到上方，再从左侧到右侧的原则安排断面位置。绘图的比例一般为1∶200，对有特殊需要的断面可采用1∶100。每个断面的地物情况应用文字在适当位置进行简要说明，如图2-27所示。

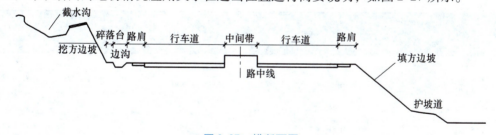

图 2-27 横断面图

横断面的检测应用高精度方法进行，其限差规定如下（单位：m）：

高速公路、一级公路：　高程　　$\pm\left(\dfrac{h}{100}+\dfrac{l}{200}+0.1\right)$

　　　　　　　　　　　水平距离　$\pm\left(\dfrac{l}{100}+0.1\right)$

二级及二级以下公路：　高程　　$\pm\left(\dfrac{h}{50}+\dfrac{l}{100}+0.1\right)$

　　　　　　　　　　　水平距离　$\pm\left(\dfrac{l}{50}+0.1\right)$

式中，h 为检测点与路线中桩的高差（m）；l 为检测点到路线中桩的水平距离（m）。

横断面的测量范围应根据地形、地质、地物及设计需要确定，一般中线左右宽度不小于 20m。在回头曲线有干扰时，应连通施测。

6. 地形组的任务和分工

地形组的任务是根据设计的需求按一定比例测绘出沿线一定宽度范围内的带状地形图（或局部范围的专用地形图），供设计和施工使用。

地形图分为路线地形图和工点地形图两种。路线地形图是以导线（或路线）为依据的带状地形图，主要供纸上定线或路线设计用。工点地形图是利用导线（或路线）与其取得联系的支导线进行测量的，为特殊桥涵和复杂排水、防护、改河及交叉口等工程布置设计的专用地形图。

路线地形图比例尺采用 1:2000，测绘宽度两侧各为 100～200m；对于地物、地貌简单，地势平坦的地区，比例可采用 1:5000，测绘宽度每侧不应小于 250m。

测设精度要求分为等高距和地形点两种。

1）等高距。规定见表 2-4。

表 2-4 地形图基本等高距　　　　　　　　　　　（单位：m）

地形类别	比 例 尺			
	1:500	1:1000	1:2000	1:5000
平坦地	0.5	0.5	1	2
丘陵地	0.5	1	2	5
山地	1	1	2	5
高山地	1	2	2	5

2）地形点观测要求，见表 2-5。

表 2-5 地形点观测要求

比 例	视距最大长度/m		竖 直 角
	竖角≤12°	竖角>12°	
1:500	100	80	≤30°
1:1000	200	150	
1:2000	350	300	
1:5000	400	350	

地形点的密度：地面横坡陡于 1:3 时，图上距离不宜大于 15mm；地面横坡等于或缓于 1:3 时，图上距离不宜大于 20mm。

地形点在地形图上的点位中误差：1:500～1:2000 时，不应超过 ±1.6mm；1:5000 时，不应超过 ±0.8mm。

7. 调查组的任务和分工

调查组的工作主要是根据测设任务的要求，通过对公路所经地区的自然条件和技术经济条件进行调查，为公路选线和内业设计收集原始资料。

调查的主要内容有工程地质情况、筑路材料情况、桥涵情况、预算资料及杂项情况的调查等。对于旧路改建,还应对原路路况进行调查。调查组可由 2 或 3 人组成,综合调查组也可分小组同时调查。

8. 内业组的任务和分工

定测内业工作的复核、检查、整理外业资料和图表制作、汇总等要求,同初测内业工作要求相同。

定测内业工作进行时应及时进行路线设计和局部方案的取舍工作,外业期间应做出全部路基横断面设计,并结合沿线构造物的布设,逐段综合检查所定路线线位的技术经济合理性,同时应进行必要的现场核对。

定测(详勘)及施工图设计工作步骤流程图如图 2-28 所示。

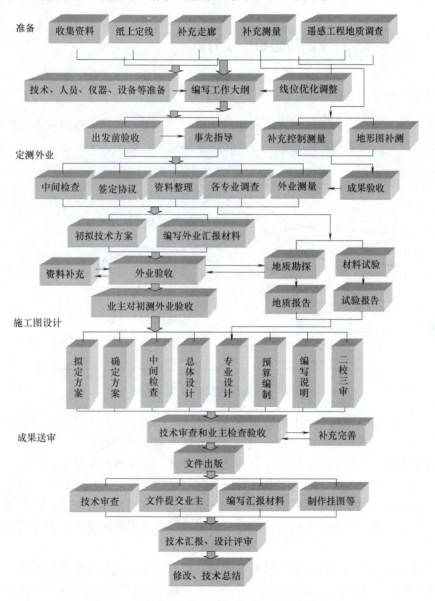

图 2-28 定测(详勘)及施工图设计工作步骤流程图

项目三

公路平面线形设计

任务一　平面线形组成及分析

一、路线的基本概念

公路是一条三维空间的实体。它是由路基、路面、桥梁、涵洞、隧道和沿线设施所组成的线形构造物。一般所说的路线是指公路中线的空间位置,如图 3-1 所示。

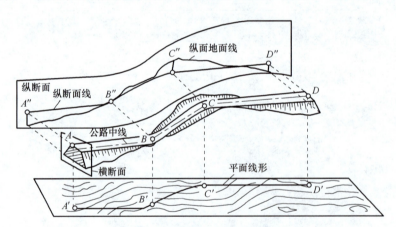

图 3-1　公路路线空间位置示意图

路线平面图:路线在水平面上的投影称为路线的平面。
路线纵断面图:沿公路中线竖直剖切然后展开即为路线纵断面。
路线横断面图:公路中线上任意一点的法向切面是公路在该点的横断面。
路线设计是指确定路线空间位置和各部分几何尺寸的工作。为便于研究,把它分为路线平面设计、路线纵断面设计和横断面设计;三者是互相关联的,既分别进行,又综合考虑。
在路线平面图上研究公路的基本走向及线形组成并最终形成成果的过程称为路线的平面设计。
在路线纵断面图上研究公路纵坡及坡长并最终形成成果的过程称为路线纵断面设计。
在路线横断面图上研究路基断面形状并最终形成成果的过程称为路线横断面设计。
无论是公路还是城市道路,其路线位置都受到社会经济、自然地理和技术条件等因素的制约。设计者的任务就是在调查研究、掌握大量资料的基础上,设计出一条具有一定技术标准、满足行车要求、工程费用较经济的路线来。在设计顺序上,一般是在尽量顾及纵、横断面平衡的前提下先定平面线形,沿平面线形进行高程测量和横断面测量,取得地面线形和地质、水文及其他必要的资料后,再设计纵断面和横断面。注意线形的均衡和土石方数量的节省,必要时再修改平面,这样经过几次反复,可得到一个满意的结果。

二、公路平面线形各组成要素

公路的服务对象主要是汽车。因此路线的平面线形应尽量与汽车的行驶轨迹相符合或相近,这样才能保证行车的顺畅与安全,特别是在车速较高的情况下,对汽车的行驶轨迹的研究尤为重要。经过大量的观测研究表明,汽车的行车轨迹有以下三个特性:

1)轨迹是连续的、圆滑的,任一点不出现错头和破折。
2)曲率是连续的,任一点不出现两个曲率值。
3)曲率变化是连续的,任一点不出现两个曲率变化率值。

汽车的前轮为导向轮,在简化条件下,行驶中的前导向轮与车身纵轴的夹角呈三角关系:导向轮与车轴平行,角度为零,车辆的行驶轨迹为直线,线形曲率为零;导向轮与车身纵轴保持一夹角,角度为非零常数,车辆的行驶轨迹为圆曲线,线形曲率为常数;导向轮与车身夹角均匀变化,角度数为变数,车辆的行驶轨迹为缓和曲线,线形曲率为变数。公路平面线形即由上述三种线形组成,称为平面线形三要素。

公路在遇到地形、地物障碍而转折时,在设计车速低的公路上,为简化设计,可以只用圆曲线绕越,如图3-2所示。在设计车速较高的公路上,路线转折处应设置缓和曲线和圆曲线组成的组合曲线来绕越,要求组成公路平面线形的曲率是连续的,如图3-3所示。但在高速公路设计中,为避免直线路段上行车单调而引起驾驶员疲劳,也有全部采用曲线的公路设计。平面线形三要素是公路平面的基本组成,各要素所占比例及使用频率并无明确规定。各要素应使用合理、配置得当,适应自然条件,以保证车辆在公路上能安全、顺适运行。

三、直线的长度

直线因其定线简单,为几何学上两点间的最短距离,且能提供较佳的视距及明晰的方向,是传统公路线形设计中最常用的几何要素。但直线较不易顺应天然地形与人文居住环境,其长度若采用不当,易造成僵直生硬、缺乏连续性与平衡感。

1. 直线的最大长度

如图3-4所示,过长的直线,由于其静态的视觉效果,经常给人单调乏味的感觉,驾驶人眼中所见尽是一望无际的灰色公路,容易疲劳、精神松懈或不自觉地打盹或超速行车,在夜晚时对向行车易造成眩光现象而影响行车安全。故应尽量避免采用太长的直线线形。我国目前的标准和规范中均未对直线的最大长度规定具体的数值。在运用直线线形并确定其长度时,必须持谨慎态度。一般而言,直线的最大长度,在城镇附近或其他景色有变化的地点大于$20V$(V是设计车速,用km/h表示,$20V$相当于72s的行程)是可以接受的;如果景色比较单调,宜控制在$20V$以内;在特殊地段应通过调查分析论证来解决直线最大长度的问题。

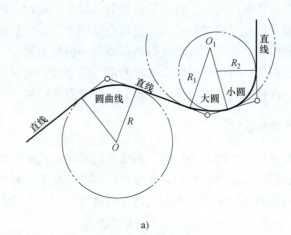

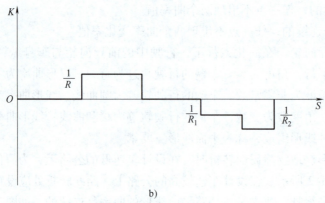

图 3-2 曲率不连续的路线
a）路线图 b）曲率图

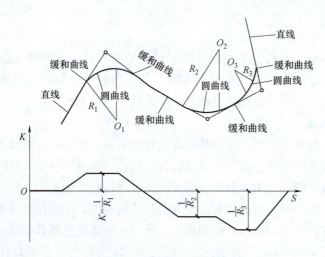

图 3-3 曲率连续的路线

图 3-4　某公路——长直线路段

> 　**知识拓展**
>
> 　　为了降低高原公路长平直线路段交通事故率，长安大学研究团队通过实地调查，从人的心理认知机理出发，对某公路长平直线路段的车辆行驶安全性进行研究，分析了驾驶人在长平直线路段上行车的交通安全认知及行为特性。研究表明，该路段上交通事故多发的主要原因是道路景色单调，高原反应使驾驶人容易疲劳、反应迟钝；道路两侧缺乏明显的参照物，驾驶人对速度判断的准确性受到影响，容易超速行驶；经常有牧群横穿道路，产生横向干扰。通过对长平直线路段的道路景观设计、路肩设置隆声带、路面喷涂视觉减速标线以及在适当的位置设置放牧通道等安全措施，可提高高原长平直线路段的汽车行驶安全性。

2. 直线的最小长度

（1）同向曲线间的直线最小长度　　同向曲线是指两个转向相同的相邻曲线间以直线相连形成的平面线形。其中间的直线长度就是指前一曲线的终点至后一曲线的起点之间的长度。当此直线长度很短时，在视觉上容易形成直线与两端的曲线构成反弯的错觉，使整个组合线形缺乏连续性，形成所谓的"断背曲线"。《公路路线设计规范》（JTG D20—2017）规定，当设计速度≥60km/h 时，同向曲线间直线最小长度（以 m 计）以不小于设计速度（以 km/h 计）的 6 倍为宜，即 $L_1 \geq 6V$，如图 3-5a 所示；当设计速度≤40km/h 时，可参照《公路路线设计规范》（JTG D20—2017）有关规定执行。

（2）反向曲线间的直线最小长度　　反向曲线是指两个转向相反的相邻曲线间以直线相连形成的平面线形。由于两弯道转弯方向相反，考虑其超高和加宽缓和的需要以及驾驶员的操作方便，其间的直线最小长度应予以限制。《公路路线设计规范》（JTG D20—2017）规定，当设计速度≥60km/h 时，反向曲线间直线最小长度（以 m 计）以不小于设计速度（以 km/h 计）的 2 倍为宜，即 $L_2 \geq 2V$，如图 3-5b 所示；当设计速度≤40km/h 时，可参照《公路路线设计规范》（JTG D20—2017）有关规定执行。

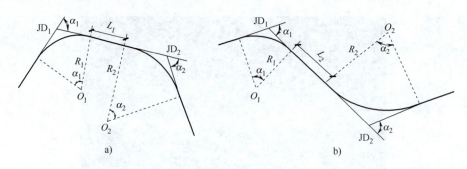

图 3-5 同向与反向曲线
a）同向曲线 b）反向曲线

（3）相邻回头曲线间的直线最小长度 三级公路、四级公路在自然展线无法争取需要的距离以克服高差，或因地形、地质条件所限不能采取自然展线时，可采用回头曲线。

两相邻回头曲线之间应有较长的距离。《公路路线设计规范》（JTG D20—2017）规定，由回头曲线的终点至下一个回头曲线的起点的距离，设计速度为40km/h、30km/h、20km/h 时，分别应不小于200m、150m、100m。

四、圆曲线

1. 圆曲线的特点

圆曲线作为公路平面线形具有以下主要特点：

1）曲线上任意点的曲率半径 R = 常数，曲率 $1/R$ = 常数，故测设和计算简单。

2）曲线上任意一点都在不断地改变方向，比直线更能适应地形的变化，尤其是由不同半径的多个圆曲线组合而成的复曲线，对地形、地物和环境有更强的适应能力。

3）汽车在圆曲线上行驶要受到离心力的作用，而且往往要比在直线上行驶多占用道路宽度。

4）汽车在小半径的圆曲线内侧行驶时，视距条件较差，视线受到路堑边坡或其他障碍物的影响较大，因而容易发生行车事故。

2. 单圆曲线要素计算

当一个弯道由直线与圆曲线组合时称为单圆曲线，即按直线—圆曲线—直线的顺序组合。如图3-6所示，设交点JD的转角为α，圆曲线半径为R，则曲线要素为

切线长　　　$T = R\tan\dfrac{\alpha}{2}$

曲线长　　　$L = \dfrac{\pi R \alpha}{180°}$

外距　　　　$E = R\sec\dfrac{\alpha}{2} - R$

切曲差　　　$J = 2T - L$

曲线主点桩号计算

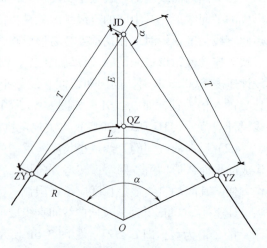

图 3-6 单圆曲线的曲线要素

$$ZY 桩号 = JD 桩号 - T$$
$$YZ 桩号 = ZY 桩号 + L$$
$$QZ 桩号 = YZ 桩号 - L/2$$
$$JD 桩号 = QZ 桩号 + J/2$$

【例 3-1】 某二级公路设计速度为 60km/h，已知 JD4 的交点桩号为 K0+750.000，JD4 的偏角为右偏 13°30′，该处的平面线形为单圆曲线，圆曲线半径为 600m，试计算该圆曲线的几何要素及曲线主点桩的桩号，并进行桩号计算校核。

【解】 $\alpha_{右} = 13°30′ = 13.5°$

曲线几何要素计算：

$$T = R\tan\frac{\alpha}{2} = 600\text{m} \times \tan\frac{13.5°}{2} = 71.015\text{m}$$

$$L = \frac{\pi}{180°}\alpha R = \frac{\pi \times 13.5° \times 600\text{m}}{180°} = 141.372\text{m}$$

$$E = R\left(\sec\frac{\alpha}{2} - 1\right) = 600\text{m} \times \left(\sec\frac{13.5°}{2} - 1\right) = 4.188\text{m}$$

$$J = 2T - L = 2 \times 71.015\text{m} - 141.372\text{m} = 0.658\text{m}$$

主点桩计算如下：

$$ZY 桩号 = JD 桩号 - T = K0+750.000 - 71.015 = K0+678.985$$
$$YZ 桩号 = ZY 桩号 + L = K0+678.985 + 141.372 = K0+820.357$$
$$QZ 桩号 = YZ 桩号 - \frac{L}{2} = K0+820.357 - \frac{141.372}{2} = K0+749.671$$

桩号计算校核：

$$JD 桩号 = QZ 桩号 + \frac{J}{2} = K0+749.671 + \frac{0.658}{2} = K0+750.000 = JD4 桩号$$

五、缓和曲线的作用

单圆曲线在 ZY 点和 YZ 点处有曲率突变，对行车操纵、离心力缓和过渡都不利。当半径较小时，从线形视觉上看不顺适，一般限于四级公路采用。《公路工程技术标准》（JTG B01—2014）规定，除四级公路可不设缓和曲线外，其余各级公路都应按要求设置缓和曲线。在现代高速公路上，有时缓和曲线所占的比例超过了直线和圆曲线，成为平曲线的主要组成部分。缓和曲线的主要作用有：

1）曲率连续变化，便于车辆遵循。汽车在转弯行驶的过程中，自然会形成一条曲率连续变化的轨迹，无论车速高低这条轨迹都是客观存在的，它的形式和长度则由车速度、曲率半径和司机转动方向盘的快慢而定。在低速行驶时，司机尚可利用路面的富余宽度在一定程度上把汽车保持在车道范围内，可以不设缓和曲线。但在高速行驶或曲率急变时，汽车则有可能超越自己的车道驶出一条很长的曲率渐变的轨迹。从安全的角度出发，有必要设置一条驾驶员易于遵循的路线平面线形，使车辆进入或离开圆曲线时不至侵入邻近的车道，这便是缓和曲线。

2）离心力逐渐变化，旅客感觉舒适。汽车行驶在曲线上产生离心力，离心力的大小与曲线的曲率成正比，与曲率半径成反比，汽车由直线驶入圆曲线，或者在不同半径圆曲线之间行驶，由于曲率的突变使得离心力的产生和消失也是突变的，从而给驾驶员和乘客带来极不舒适的感觉。所以设置一条过渡性的曲线让离心率逐渐变化，可减少公路使用者"横向冲击"的感觉。

3）超高横坡度逐渐变化，行车更加平稳。行车道从直线上的双坡断面路拱过渡到圆曲线上的单坡断面超高，车辆必然会出现横向上的摆动。为避免车辆急剧的左右摇摆，设置一定长度的"超高过渡段"是完全必要的，通常设置缓和曲线时，其长度考虑了"超高过渡段"的要求，也就是说超高过渡是在缓和曲线内完成的。

4）与圆曲线配合得当，增加线形美观。圆曲线与直线相连接，其曲率是突变的，在视觉上有明显不平顺的感觉。设置缓和曲线以后，线形连续圆滑，增加了线形的透视美，同时也增加了驾驶人员的安全感。

六、缓和曲线的性质

当汽车逐渐由直线驶入圆曲线时，为简化计算可做两个假定：一是汽车匀速行驶；二是驾驶员操纵方向盘做匀角速转动，即汽车的前轮转向角由直线上的0°均匀地增加到圆曲线上的α值，如图3-7所示。

通过理论推导得出弧长和曲率半径的关系为

$$S = \frac{d}{k\omega} \frac{v}{\rho} = \frac{1}{\rho} \frac{d}{k\omega} v$$

式中，S 为汽车从曲线起点行驶至所求点的距离（m）；k 为系数，小于1；ω 为方向盘转动的角速度（rad/s）；d 为汽车前后轮距（m）；v 为汽车匀速行驶速度（m/s）；ρ 为曲线上所求点处的曲率半径（m）。

因 d、ω、k 均为常数，可令

$$\frac{d}{k\omega} v = A^2$$

则得到

$$S = \frac{A^2}{\rho} \qquad (3-1)$$

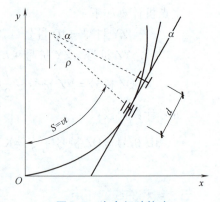

图 3-7 汽车行驶轨迹

式中，S 为汽车从曲线起点行驶至所求点的距离（m）；A 为参数；ρ 为曲线上所求点处的曲率半径（m）。

式（3-1）为汽车转弯时的理论轨迹方程，从中可以得出两个结论：一是该曲线上任一点的曲率半径与该点至曲线起点的距离成反比，这符合汽车在道路上的行驶轨迹；二是汽车行驶轨迹的弧长与曲线曲率半径的关系参数 A，对某一曲线来说，这是一个常数，但对整个公路线形而言，其实质相当于一个放大的系数，能够适用不同的情况，这一性质与数学上的回旋线正好相符。因此缓和曲线常用回旋线。

七、公路免设缓和曲线的条件

缓和曲线设置在直线与圆曲线间或不同半径的圆曲线之间，缓和曲线的加入会使平面线形更加适应自然地形、地物，增加线形设计的自由度。《公路工程技术标准》（JTG B01—

2014）规定：凡圆曲线半径小于不设超高的最小半径时，公路等级为三级以上的公路时，都须在直线与圆曲线之间设置回旋线作为缓和曲线。但是有一些情况可不设缓和曲线：四级公路无论圆曲线半径大小都可不考虑设计缓和曲线；当圆曲线半径大于或等于表3-4所列"不设超高最小半径"时，在直线和圆曲线间可省略缓和曲线。

八、平面线形的组合类型

平面线形由直线、圆曲线、缓和曲线三要素组成，为适应不同的地形条件，可组合成不同的组合线形，为满足行车的力学和公路景观要求，不同的线形组合应满足一定的几何标准。平面线形组合形式主要有基本形、S形、卵形、凸形、复合形、C形六种。

1. 基本形

平面线形的基本形是指平面曲线部分按直线—回旋线（缓和曲线）—圆曲线—回旋线（缓和曲线）—直线的顺序组合的形式。基本形中的回旋参数、圆曲线最小长度都应符合有关规定。从线形的协调与美观角度上看，宜将回旋线—圆曲线—回旋线的长度之比尽量设计成1∶1∶1或大致接近。曲线几何要素有圆曲线半径R、路线转角α、缓和曲线长L_s、主曲线内移值p、切线增长值q、缓和曲线角β_0、切线长T、曲线全长（包括缓和曲线）L、主圆曲线长L_y、外距E、校正值J（通常R、α、L_s为已知，其他要素由计算求得）。几何元素的计算公式如下：

当左、右两缓和曲线参数$A_1 = A_2$时称为对称基本形曲线，如图3-8所示，其几何元素的计算公式如下：

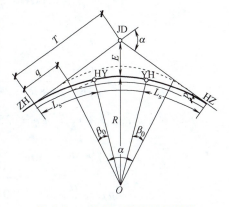

图3-8 对称基本形曲线示意图

$$q = \frac{L_s}{2} - \frac{L_s^3}{240R^2}$$

$$p = \frac{L_s^2}{24R} - \frac{L_s^4}{2688R^3}$$

$$\beta_0 = 28.6479\frac{L_s}{R}$$

$$T = (R+p)\tan\frac{\alpha}{2} + q$$

$$L = (\alpha - 2\beta_0)\frac{\pi}{180°}R + 2L_s$$

$$= \frac{\pi}{180°}\alpha R + L_s$$

$$E = (R+p)\sec\frac{\alpha}{2} - R$$

$$J = 2T - L$$

主点桩号计算

$$ZH 桩号 = JD 桩号 - T$$
$$HY 桩号 = ZH 桩号 + L_s$$
$$YH 桩号 = HY 桩号 + L_y$$
$$HZ 桩号 = YH 桩号 + L_s$$
$$QZ 桩号 = HZ 桩号 - L/2$$
$$JD 桩号 = QZ 桩号 + J/2$$

【例3-2】 某公路有一弯道，已知交点桩号为 K15 + 568.38，$R = 250$m，$L_s = 40$m，偏角 $\alpha_{右} = 38°30'5''$，试计算曲线要素及主点桩号。

【解】 曲线要素计算：

$$\beta_0 = 28.6479 \frac{L_s}{R} = 28.6479 \times \frac{40\text{m}}{250\text{m}} = 4°35'1''$$

$$q = \frac{L_s}{2} - \frac{L_s^3}{240R^2} = \frac{40\text{m}}{2} - \frac{(40\text{m})^3}{240 \times (250\text{m})^2} = 20.00\text{m}$$

$$p = \frac{L_s^2}{24R} - \frac{L_s^4}{2688R^3} = \frac{(40\text{m})^2}{24 \times 250\text{m}} - \frac{(40\text{m})^4}{2688 \times (250\text{m})^3} = 0.27\text{m}$$

$$T = (R+p)\tan\frac{\alpha}{2} + q = T' + q = (250\text{m} + 0.27\text{m}) \times \tan\frac{38°30'5''}{2} + 20.00\text{m} = 107.41\text{m}$$

$$L = R\frac{\pi}{180°}(\alpha - 2\beta_0) + 2L_s = 250\text{m} \times \frac{\pi}{180°} \times (38°30'5'' - 2 \times 4°35'1'') + 2 \times 40\text{m} = 208.01\text{m}$$

$$E = (R+p)\sec\frac{\alpha}{2} - R = (250\text{m} + 0.27\text{m}) \times \sec\frac{38°30'5''}{2} - 250\text{m} = 15.09\text{m}$$

$$L_y = L - 2L_s = R\frac{\pi}{180°}(\alpha - 2\beta_0) = 250\text{m} \times \frac{\pi}{180°} \times (38°30'5'' - 2 \times 4°35'1'') = 128.01\text{m}$$

$$J = 2T - L = 2 \times 107.41\text{m} - 208.01\text{m} = 6.81\text{m}$$

主点桩号计算：

$$ZH(桩号) = JD(桩号) - T = K15 + (568.38 - 107.4) = K15 + 460.98$$

$$HY(桩号) = ZH(桩号) + L_s = K15 + (460.98 + 40) = K15 + 500.98$$

$$YH(桩号) = HY(桩号) + L_y = K15 + (500.98 + 128.01) = K15 + 628.99$$

$$HZ(桩号) = YH(桩号) + L_s = K15 + (628.99 + 40) = K15 + 668.99$$

$$QZ(桩号) = HZ(桩号) - L/2 = K15 + \left(668.99 - \frac{208.01}{2}\right) = K15 + 564.98$$

$$JD(桩号) = QZ(桩号) + J/2 = K15 + \left(564.98 + \frac{6.81}{2}\right) = K15 + 568.38$$

知识拓展

回旋线参数应在下述范围中取值

$$R/3 \leq A \leq R$$

式中，A 为回旋参数；R 为与回旋线相连接的圆曲线半径（m）。

当 R 接近100m 时，取 $A=R$；当 $R<100$m 时，取 $A \geq R$。

当 R 较大或接近于3000m 时，取 $A=R/3$；当 $R>3000$m 时，取 $A<R/3$。

当左、右两缓和曲线参数 $A_1 \neq A_2$ 时称为不对称基本形曲线，此时回旋线参数应满足：$A_1 : A_2 \leq 2$。

2. S 形

S 形是指两个反向圆曲线用两段反向回旋线连接的组合形式，如图3-9 所示。

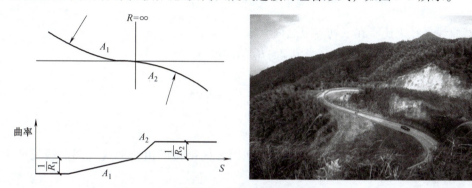

图 3-9　S 形曲线示意图

两个回旋线参数 A_1 与 A_2 宜相等。当采用不同的参数时，A_1 与 A_2 之比应小于2.0，有条件时以小于1.5 为宜。高速公路，当 $A_2 \leq 200$，A_1 应不大于1.5 倍的 A_2。

在 S 形曲线上，两个反向回旋线之间不设直线，是行驶力学上所希望的。当地形条件限制而必须插入短直线或当两圆曲线的回旋线需重合时，短直线或重合段的长度应符合下式要求

$$l \leq \frac{A_1 + A_2}{40}$$

式中，l 为反向回旋线间短直线或重合段的长度（m）；A_1、A_2 为回旋线参数。

两圆曲线以半径之比 $R_1/R_2 = 1 \sim 1/2$ 为宜。R_1 为小圆曲线半径（m），R_2 为大圆曲线半径（m）。

3. 卵形

卵形是指用一个回旋线连接两个同向圆曲线的组合形式。

如图3-10 所示，卵形按直线—缓和曲线（A_1）—圆曲线（R_1）—缓和曲线（A_f）圆曲线（R_2）—缓和曲线（A_2）—直线的顺序组合而成。该组合线形用于除四级公路以外的其他各级公路中。

卵形曲线要求大圆能完全包住小圆，如果大圆半径为无穷大，它就是直线，而回到基本形。所以卵形曲线可以认为是具有基本形式的一般线形。不过卵形的回旋曲线 l_f 不是从回旋线的原点开始，而是使用回旋线中曲率从 $1/R_1$ 至 $1/R_2$ 这一段。

卵形回旋线参数 A_f 不应小于该级公路关于回旋线最小参数的规定，同时宜在下列界限之内

$$R_2/2 \leq A_f \leq R_2$$

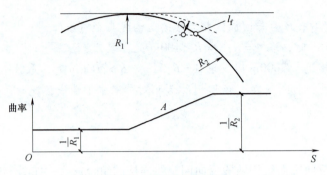

图 3-10 卵形曲线示意图

两圆曲线半径之比宜在下列界限之内

$$0.2 \leqslant R_2/R_1 \leqslant 0.8。$$

两圆曲线的间距宜在下列界限之内

$$0.003 \leqslant D/R_2 \leqslant 0.03。$$

式中，D 为两圆曲线最小横向间距（m）。

4. 凸形

凸形是指在两个同向回旋线间插入圆曲线而径向衔接的组合形式（圆曲线长度为零），如图 3-11 所示。

设置凸形曲线的几何条件是

$$2\beta_0 = \alpha$$

凸形曲线的回旋线参数及其连接点的曲率半径应分别符合允许最小回旋线和圆曲线一般最小半径的规定。连接点附近的最小 $0.3V$ 的长度范围内，应保持以连接点的曲率半径确定的路拱横坡度。

凸形曲线尽管在各衔接处的曲率都是连续的，但因中间圆曲线的长度为零，对驾驶操纵造成一些不利因素，所以只有在路线严格受地形、地物限制处方可采用凸形。

5. 复合形

复合形是指将两个以上同向回旋线在曲率相等处连接的组合形式，如图 3-12 所示。

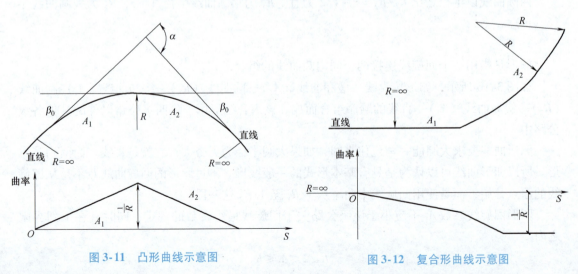

图 3-11 凸形曲线示意图　　图 3-12 复合形曲线示意图

组合时要求相邻两个回旋线参数之比应小于 1.5。复合形线形形式较复杂，所以很少采用，只有在受地形条件限制或互通式立体交叉的匝道设计中才采用。

6. C 形

C 形是指同向曲线的两回旋线在曲率为零处径向连接的组合形式，如图 3-13 所示。其连接处的曲率为零，也就是 $R = \infty$，相当于两基本形的同向曲线的中间直线长度为零，对行车和线形都带来一些不利影响，所以 C 形曲线只有在特殊地形条件下方可采用。

当采用 C 形曲线时，回旋线段的路面横坡方向应与圆曲线段相一致，且应使公切点前后最小 $0.3V$ 长度内保持同一路面横坡度。

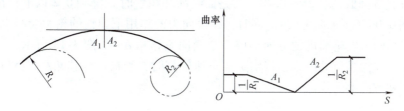

图 3-13　C 形曲线示意图

7. 回头曲线

回头曲线是指山区公路为克服高差，在同一坡面上展线时采用的，其圆心角一般接近于 180°的曲线，如图 3-14 所示。

回头曲线转角大、半径小、线形差，一般较少采用，只有当二级公路、三级公路、四级公路自然展线无法争取需要的距离以克服高差时，或因地形、地质条件所限不能采取自然展线时，才可采用回头曲线展线。相邻两回头曲线之间应争取有较长的距离，由上一回头曲线终点至下一回头曲线起点的距离，在设计车速 40km/h、30km/h、20km/h 时分别应不小于 200m、150m、100m。

图 3-14　湘川公路回头曲线示例

任务二　平曲线超高

一、超高及其作用

为了抵消车辆在平曲线路段上行驶所产生的离心力，将路面做成外侧高内侧低的单向横坡的形式称为超高。合理地设置超高，可以全部或部分抵消离心力，提高汽车在曲线上行驶的稳定性与舒适性。当汽车等速行驶时，圆曲线上所产生的离心力是常数，而在回旋线上行驶因回旋线曲率是变化的，其离心力也是变化的。因此，超高横坡在圆曲线上应是与圆曲线半径相适应的全超高，在缓和曲线上应是逐渐变化的超高。这段由直线上的双向路拱横坡渐变到圆曲线上的单向超高横坡的路段称为超高缓和段或超高过渡段。四级公路不设回旋线，但曲线上若设有超高，从构造的角度也应有超高缓和段。

二、横向力系数

横向力的存在会对行车产生种种不利影响，μ 越大越不利，主要表现在以下三个方面：

(1) 行车安全分析　汽车能在曲线上行驶的基本前提是轮胎不在路面上滑移，这就要求横向力系数 μ 要低于轮胎与路面之间所能提供的横向摩阻系数 φ，即

$$\mu \leqslant \varphi$$

μ 与车速、路面种类及状态、轮胎状态等有关。一般在干燥路面上 φ 为 0.4～0.8，在潮湿的黑色路面上 φ 降低到 0.25～0.40，当路面结冰和积雪时 φ 降到 0.2 以下，在光滑的冰面上 φ 可降到 0.06（不加防滑链）。同时，在横向力的作用下弹性的轮胎会产生横向变形，使轮胎的中间平面与轮迹前进的方向形成一个横向偏移角 δ，如图 3-15 所示。该角的存在增加了汽车在方向操纵上的困难，特别是在车速较高时，当横向偏移角超过 5°时司机一般就不易保持驾驶方向上的稳定。

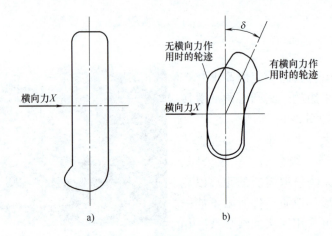

图 3-15　汽车轮胎的横向偏移角
a) 轮胎横向变形　b) 轮迹的偏移角

(2) 经济型分析　在平曲线路段上，由于横向力系数 μ 的存在，使车辆的燃油消耗和轮胎磨损情况较直线路段都有所增加，表 3-1 是实测的燃料消耗与轮胎磨损情况增加百分比。

表 3-1　燃料消耗与轮胎磨损情况增加百分比

横向力系数 μ	燃料消耗（%）	轮胎磨损（%）
0	100	100
0.05	105	160
0.10	110	220
0.15	115	300
0.20	120	390

(3) 舒适性分析　μ 值过大，汽车不仅不能连续稳定行驶，有时还需要减速。在曲线半径小的曲线上行驶时驾驶员要尽量大回转，以避免离开行车道发生事故，当 μ 超过一定数值

时，驾驶员就要注意采取增加汽车稳定性的措施，这一切都增加了驾驶员在曲线行驶中的紧张感。对于乘客来说，μ 值的增大也会使其感到不舒适。试验表明，乘客随 μ 的变化其心理反应如下：

1）当 $\mu = 0.10$ 时，不感到有曲线存在，很平稳。
2）当 $\mu = 0.15$ 时，稍感到有曲线存在，尚平稳。
3）当 $\mu = 0.20$ 时，已感到有曲线存在，稍感不稳定。
4）当 $\mu = 0.35$ 时，感到有曲线存在，不稳定。
5）当 $\mu \geq 0.40$ 时，非常不稳定，车辆有倾覆的危险。

综上所述，μ 值的采用关系到行车的安全、经济与舒适，因此必须确定一个合理的界限。在计算最小平曲线半径时应在考虑各方面因素后采用一个合适的 μ 值。研究认为，$0.10 \sim 0.16$ 是一个比较合理的范围，设计中可根据公路等级的不同而采用不同的数值。

三、超高横坡度取值

在车速较高的情况下为了平衡离心力要采用较大的超高，但道路上行驶的车辆的速度并不一致，特别是在混合交通的道路上不仅要照顾快车，也要考虑到慢车的安全。对于慢车以及因故暂停在弯道上的车辆，其离心力接近于 0 或等于 0。如超高率过大，超出轮胎与路面间的横向摩阻系数，则车辆有沿着路面最大合成坡度下滑的危险。

确定最大的超高横坡度，除了考虑公路所在地区的气候条件，还应充分考虑驾驶员和乘客的心理反应。《公路路线设计规范》（JTG D20—2017）中规定：超高横坡度按计算行车速度、半径大小，结合路面类型、自然条件和车辆组成等情况确定。高速公路、一级公路的超高横坡度不大于 10%；其他各级公路不大于 8%；对于积雪冰冻地区，最大超高横坡度不大于 6%；当超高横坡度计算值小于路拱横坡时，应该设置等于路拱横坡值的超高。

四、圆曲线半径

根据前面所述，汽车在曲线段上行驶时保持稳定的必要条件是汽车所受横向力被车轮轮胎与路面之间的摩阻力抵消，若横向力大于摩阻力，则汽车出现横向滑移。因此，在设计时应控制横向力系数 μ 不能超过摩阻系数 φ_h。

由此可知，横向力系数 μ 实际上是受摩阻系数 φ_h 约束的，即在不发生横向滑移前提下，μ 值不会超过 φ_h 值。因此，用 φ_h 代替值来计算平曲线的最小半径才更符合实际情况。现行《公路路线设计规范》（JTG D20—2017）采用摩阻系数 φ_h 作为计算平曲线 μ 最小半径的指标。即：

$$R = \frac{V^2}{127(\mu + i_h)} \tag{3-2}$$

式中，R——圆曲线半径；V——设计速度；μ——横向力系数，极限值为路面与轮胎之间的横向摩阻系数；i_h——超高横坡度。

（1）极限最小半径 极限最小半径是指按设计速度行驶的车辆，能保证其安全行驶的圆曲线最小半径。它是设计采用的极限值。《公路路线设计规范》（JTG D20—2017）中的极限最小半径是在规定的设计速度时，根据最大横向力系数 μ_{max} 和最大超高值 i_{hmax}，按式（3-2）计算得出"极限最小半径"。表 3-2 是我国《公路路线设计规范》（JTG D20—2017）中所制定的极限最小半径，是路线设计中的极限值，是在特殊困难条件下不得已才使用的，一般不能轻易采用。

表 3-2 圆曲线极限最小半径

设计速度/(km/h)		120	100	80	60	40	30	20
圆曲线极限最小半径/m	$i_{hmax}=4\%$	810	500	300	150	65	40	20
	$i_{hmax}=6\%$	710	440	270	135	60	35	15
	$i_{hmax}=8\%$	650	400	250	125	60	30	15
	$i_{hmax}=10\%$	570	360	220	115	—	—	—

（2）一般最小半径 一般最小半径介于极限最小半径和不设超高最小半径之间，考虑汽车以设计速度在这种小半径的曲线上行驶时的安全性、稳定性和旅客有充分的舒适性，《公路路线设计规范》（JTG D20—2017）中的一般最小半径值是按 $i_h = 6\% \sim 8\%$，$\varphi_h = 0.05 \sim 0.06$ 计算取整得来的。

《公路路线设计规范》（JTG D20—2017）规定了一般最小半径，见表3-3。确定一般最小半径时，横向力系数 μ 和超高横坡度 i_h 没有取到极限最大值，都留有一定的余地。通常在路线设计时，圆曲线半径应尽量采用大于或等于一般最小半径。

表 3-3 圆曲线一般最小半径

设计速度/(km/h)	120	100	80	60	40	30	20
最大横向力系数 μ_{max}	0.05	0.05	0.06	0.06	0.06	0.05	0.05
最大超高横坡度 $i_{hmax}(\%)$	6	6	7	8	7	6	6
圆曲线一般最小半径/m	1000	700	400	200	100	65	30

（3）不设超高的最小半径 在设计速度一定时，当圆曲线半径较大时，离心力就比较小，此时弯道即使采用与直线相同的双向路拱断面时，离心力对外侧车道上行驶的汽车影响也很小。因此我国《公路路线设计规范》（JTG D20—2017）制定了"不设超高的最小半径"，见表3-4。此时横向力系数 $\mu = 0.035$ 和超高横坡度 $i_h = -1.5\%$。

不设超高的圆曲线最小半径是判断圆曲线设不设超高的一个界限，当圆曲线半径大于或等于该公路等级对应的不设超高的最小半径时，圆曲线横断面采用与直线相同的双向路拱横断面，不必设计超高；反之则采用向内倾斜单向超高横断面形式。

表 3-4 不设超高的圆曲线最小半径

设计速度/(km/h)		120	100	80	60	40	30	20
不设超高最小半径/m	路拱≤2.0%	5500	4000	2500	1500	600	350	150
	路拱≥2.0%	7500	5250	3750	1900	800	450	200

在选定半径时既要满足技术合理的要求，又要注意经济适用；既不能盲目采用高标准（大半径）而过分增加工程量，也不能仅考虑眼前通行要求而采用低标准，在运用圆曲线最小半径时应遵循如下原则：

1）平面设计时，应根据沿线地形、地物等条件，按《公路工程技术标准》（JTG B01—2014）给出的极限最小半径、一般最小半径和不设超高最小半径，尽量选用较大的半径，以便于行驶的安全舒适。

2）在地形条件许可时，应力求使半径尽可能接近不设超高最小半径；一般情况下宜采用极限最小圆曲线半径的 4~8 倍；在地形有所限制时，应尽量采用大于或等于一般最小半径以提高公路的使用质量和公路等级；只有在自然条件特别困难或受其他条件严格限制不得已时，方可采用极限最小半径。

3）选用曲线半径时，还应注意前后线形的协调，使之构成连续、均衡的平面线形。小半径平曲线应设在视觉开阔处；长直线或线形较好路段应避免连续采用极限最小半径；从地形条件好的区段进入地形条件差的区段时，线形的技术指标应逐渐过渡，防止突变。

4）在桥位处两端设置圆曲线时，应大于一般最小半径；当隧道内必须设置圆曲线时，应大于不设超高的最小半径。

5）如前所述，在与地形条件相适应的前提下应尽量采用较大的圆曲线半径，但是当半径大到一定程度时其几何性质与直线已无太大差别，此时容易使驾驶员做出错误判断而造成不良后果，同时也不便于测设及公路的养护与维修。所以，《公路路线设计规范》（JTG D20—2017）规定，选用圆曲线半径时，其最大半径值一般不应超过 10000m。

五、超高缓和段的方式

1. 无中间带道路的超高过渡

若超高横坡度等于路拱坡度，路面由直线上双向倾斜路拱形式过渡到曲线上具有超高的单向倾斜形式，只需行车道外侧绕中线逐渐抬高，直至与内侧横坡相等为止，如图 3-16 所示。

当超高坡度大于路拱坡度时，可分别采用以下三种过渡方式：

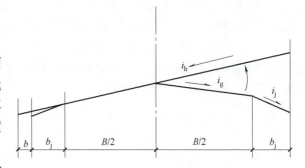

图 3-16　超高值等于路拱时的过渡

1）绕车道内侧边缘旋转：先将外侧车道绕路中线旋转，待达到与内侧车道构成单向横坡后，整个断面再绕未加宽前的内侧车道边线旋转，直至超高横坡值，如图 3-17 所示。绕内边线旋转由于行车道内侧不降低，有利于路基纵向排水，一般新建公路多采用此种方式。

2）绕中线旋转：先将外侧车道绕路中线旋转，待达到与内侧车道构成单向横坡后，整个断面绕中线旋转，直至超高横坡度，如图 3-18 所示。绕中线旋转可保持中线高程不变，且在超高

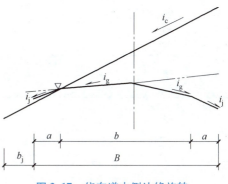

图 3-17　绕车道内侧边缘旋转

坡度一定的情况下，外侧边缘的抬高值较小，一般改建公路常采用此种方式。

3）绕车道外侧边缘旋转：先将外侧车道绕外边缘旋转，与此同时，内侧车道随中线的降低而相应降低，待达到单向横坡后，整个断面仍绕外侧车道边缘旋转，直至超高横坡度，如图 3-19 所示。此种方式仅在特殊设计时采用（如强调路容美观，外侧因受条件限制不能抬高）。

2. 有中间带公路的超高过渡

1）绕中间带的中心线旋转：先将外侧行车道绕中央分隔带边缘旋转，待达到与内侧行

车道构成单向横坡后,整个断面一同绕中心线旋转,直至超高横坡度值。此时中央分隔带呈倾斜状,中间带宽度较窄时(≤4.5m)可采用此方式。

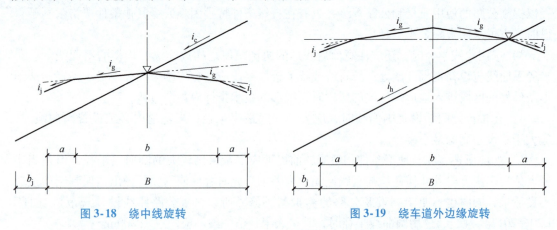

图 3-18 绕中线旋转　　　　　　　　图 3-19 绕车道外边缘旋转

2)绕中央分隔带边缘旋转:将两侧行车道分别绕中央分隔带边缘旋转,使之各自成为独立的单向超高断面,此时中央分隔带维持原水平状态,各种宽度的中间带都可以用此方式。

3)绕个自行车道中线旋转:将两侧行车道分别绕各自的中心线旋转,使之各自成为独立的单向超高断面,此时中央分隔带两边缘分别升高与降低而成为倾斜断面,对于单向车道数大于四条的公路可采用此种方式。

六、超高值的计算

1. 无中间带时的计算

平曲线上设置超高以后,道路中线和内侧边线、外侧边线与原中线上的设计高程之差 h,应予以计算并列于"路基设计表"中,以便于施工。此超高值的计算公式见表 3-5 和表 3-6,可参看图 3-20。

表 3-5 绕内边线旋转超高值计算公式

超高位置		计算公式		备 注
		$x \leq x_0$	$x > x_0$	
圆曲线上	外缘 h_c	$b_j i_j + (b_j + B) i_h$		
	中线 h'_c	$b_j i_j + \dfrac{B}{2} i_h$		1. 计算结果均为与设计高之差
	内缘 h''_c	$b_j i_j - (b_j + b) i_h$		2. 临界断面距过渡段起点
过渡线上	外缘 h_{cx}	$b_j(i_j - i_g) + [b_j i_g + (b_j + B) i_h] \dfrac{x}{L_c}$ (或 $\approx \dfrac{x}{L_c} h_c$)		$x_0 = \dfrac{i_g}{i_h} L_c$
	中线 h'_{cx}	$b_j i_j + \dfrac{B}{2} i_g$	$b_j i_j + \dfrac{B}{2} \dfrac{x}{L_c} i_h$	3. x 距离处的加宽值 $b_x = \dfrac{x}{L_c} b$
	内缘 h''_{cx}	$b_j i_j - (b_j + b_x) i_g$	$b_j i_j - (b_j + b_x) \dfrac{x}{L_c} i_h$	

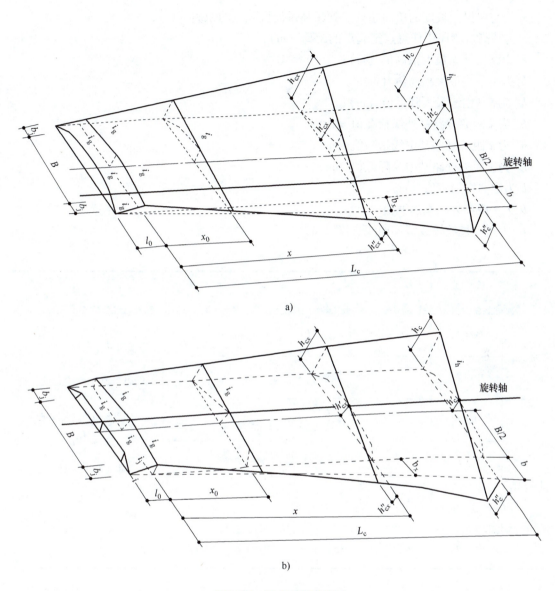

图 3-20 超高过渡方式图
a) 绕边线旋转 b) 绕中线旋转

图3-20、表3-5、表3-6中：
B 为路面宽度（m）；
b_j 为路肩宽度（m）；
i_g 为路拱坡度（%）；
i_j 为路肩坡度（%）；
i_h 为超高横坡度（%）；
L_c 为超高过渡段长度（或缓和曲线长度）（m）；
l_0 为路基坡度由 i_j 变为 i_g 所需的距离（m），一般可取 1.0m；

x_0 为与路拱同坡度的单向超高点到超高过渡段起点的距离（m）；

x 为超高过渡段中任意点至起点的距离（m）；

h_c 为路肩外缘最大抬高值（m）；

h'_c 为路中线最大抬高值（m）；

h''_c 为路基内缘最大降低值（m）；

h_{cx} 为 x 距离处路基外缘抬高值（m）；

h'_{cx} 为 x 距离处路基中线抬高值（m）；

h''_{cx} 为 x 距离处路基内缘降低值（m）；

b 为圆曲线加宽值（m）；

b_x 为 x 距离处路基加宽值（m）；

L_c 为超高过渡段或缓和曲线长度（m）。

表3-6　绕中线旋转超高值计算公式

超高位置		计算公式		注
		$x \leqslant x_0$	$x > x_0$	
圆曲线上	外缘 h_c		$b_j(i_j - i_g) + \left(b_j + \dfrac{B}{2}\right)(i_g + i_h)$	1. 计算结果均为与设计高之差 2. 临界断面距过渡段起点 $x_0 = \dfrac{i_g}{i_h} L_c$ 3. x 距离处的加宽值 $b_x = \dfrac{x}{L_c} b$
	中线 h'_c		$b_j i_j + \dfrac{B}{2} i_h$	
	内缘 h''_c		$b_j i_j + \dfrac{B}{2} i_g - \left(b_j + \dfrac{B}{2} + b\right) i_h$	
过渡线上	外缘 h_{cx}		$b_j(i_j - i_g) + \left(b_j + \dfrac{B}{2}\right)(i_g + i_h)\dfrac{x}{L_c}$（或 $\approx \dfrac{x}{L_c} h_c$）	
	中线 h'_{cx}	$b_j i_j + \dfrac{B}{2} i_g$（定值）	—	
	内缘 h''_{cx}	$b_j i_j - (b_j + b_x) i_g$	$b_j i_j + \dfrac{B}{2} i_g - \left(b_j \dfrac{B}{2} + b_x\right) \dfrac{x}{L_c} i_h$	

2. 有中间带时的计算

设有中间带公路的超高方式有三种：一是绕中央分隔带边缘旋转；二是绕各自行车道中心旋转；三是绕中间带中心旋转。在实际的设计中应用较多的是第一种和第二种方法，在超高过程中，内外侧同时从超高缓和段起点开始绕各自旋转轴旋转，外侧逐渐抬高，内侧逐渐降低，直到 HY 点（或 YH 点）达到全超高。计算公式列于表3-7和表3-8，可参看图3-21。

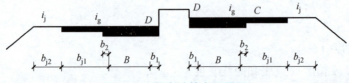

图3-21　超高计算点位置图

表 3-7　绕中央分隔带边缘旋转超高值计算公式

超高位置		计算公式	x 距离处行车道横坡度值	备　注
外侧	C	$(b_1 + B + b_2) i_x$	$i_x = \dfrac{i_g + i_h}{L_c} x - i_g$	1. 计算结果为与设计高之差 2. 设计高程为中央分隔带外侧边缘的高程 3. 加宽值 b_x 按加宽计算公式计算
外侧	D	0		
内侧	D	0	$i_x = \dfrac{i_h - i_g}{L_c} x + i_g$	
内侧	C	$-(b_1 + B + b_x + b_2) i_x$		

表 3-8　绕各自行车道中心旋转超高值计算公式

超高位置		计算公式	x 距离处行车道横坡度值	备　注
外侧	C	$\left(\dfrac{B}{2} + b_2\right) i_x - \left(\dfrac{B}{2} + b_1\right) i_g$	$i_x = \dfrac{i_g + i_h}{L_c} x - i_g$	1. 计算结果为与设计高之差 2. 设计高程为中央分隔带外侧边缘的高程 3. 加宽值 b_x 按加宽计算公式计算
外侧	D	$-\left(\dfrac{B}{2} + b_1\right)(i_x + i_g)$		
内侧	D	$\left(\dfrac{B}{2} + b_1\right)(i_x - i_g)$	$i_x = \dfrac{i_h - i_g}{L_c} x + i_g$	
内侧	C	$-\left(\dfrac{B}{2} + b_x + b_2\right) i_x - \left(\dfrac{B}{2} + b_1\right) i_g$		

表 3-7、表 3-8 中：
B 为左侧（或右侧）行车道宽度（m）；
b_1 为左侧路缘带宽度（m）；
b_2 为右侧路缘带宽度（m）；
b_x 为 x 距离处路基加宽值（m）；
i_h 为超高横坡度（%）；
i_g 为路拱横坡度（%）；
x 为超高缓和段中任意一点至超高缓和段起点的距离（m）。
表中仅列出了行车道外侧边缘和中央分隔带边缘的超高计算，硬路肩外侧边缘、路基边缘的超高可根据路肩横坡和路肩宽度从行车道外侧边缘推算。

任务三　平曲线加宽

一、加宽原因

因车辆沿曲线行驶时，后轮较前轮移向内侧，且驾驶员为抵抗离心力作用，喜欢沿内侧行驶，使得内侧的路面及路肩容易毁损并易发生危险，故在曲线路段弯道处应适度增加路面的宽度。另一方面，曲线路段加宽也能使视距加大，视野较宽，增加行车安全。

二、加宽值的计算

假定汽车从圆曲线起点到圆曲线终点的车轮转角是保持不变的，那么在圆曲线上的路面的加宽值就是个定值。从弯道需要加宽的两个原因可知，加宽值与圆曲线半径、车型及行车速度等有关。

（1）不考虑车速影响时汽车所需加宽值

1）普通车。普通汽车的加宽值可由图 3-22 所示的几何关系求得

$$b = R - (R_1 + B)$$

而

$$R_1 + B = \sqrt{R^2 - A^2} = R - \frac{A^2}{2R} - \frac{A^4}{8R^3} - \cdots$$

故

$$b = \frac{A^2}{2R} + \frac{A^4}{8R^3} + \cdots$$

上式第二项以后的数值极小，可省略不计，故一条车道的加宽值为

$$b_{单} = \frac{A^2}{2R}$$

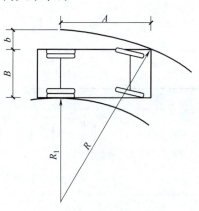

图 3-22　普通车的加宽

式中，A 为汽车后轴至前保险杠的距离（m）；R 为圆曲线半径（m）。

对于有 N 个车道的行车道，加宽值为

$$b = \frac{NA^2}{2R}$$

2）半挂车。半挂车的加宽值由图 3-23 所示的几何关系求得

$$b_1 = \frac{A_1^2}{2R}$$

$$b_2 = \frac{A_2^2}{2R'}$$

式中，b_1 为牵引车的加宽值（m）；b_2 为拖车的加宽值（m）；A_1 为牵引车保险杠至第二轴的距离（m）；A_2 为第二轴至拖车最后轴的距离（m）；其余符号如图 3-23 所示。

由于 $R' = R - b_1$，而 b_1 与 R 相比甚微，故可取 $R' \approx R$，于是半挂车的加宽值为

$$b = b_1 + b_2 = \frac{A_1^2 + A_2^2}{2R}$$

令 $A_1^2 + A_2^2 = A^2$，上式仍可归纳为 $b = \frac{A^2}{2R}$ 的形式。

（2）不同车速时汽车摆动偏移的加宽值　据实测，

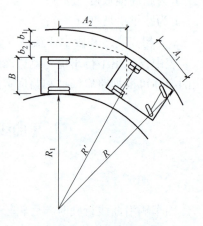

图 3-23　半挂车的加宽

汽车转弯时的加宽还与车速有关。

一个车道摆动加宽值的计算经验公式为

$$b' = \frac{0.05V}{\sqrt{R}}$$

多车道摆动加宽值的计算经验公式为

$$b' = N\frac{0.05V}{\sqrt{R}}$$

式中，V 为汽车转弯时的速度（km/h）。

（3）总加宽值　考虑车速的影响，曲线上路面的加宽值为

$$b = N\left(\frac{A^2}{2R} + \frac{0.05V}{\sqrt{R}}\right)$$

根据 3 种不同的标准车型轴距，其轴距加前悬的长度分别为 4.6m、8.0m 和（5.38 + 9.05）m，分别计算并对结果进行整理，可得出不同半径所对应的 3 类加宽值。《公路路线设计规范》（JTG D20—2017）规定的双车道路面加宽值见表 3-9。

表 3-9　双车道路面加宽值　　　　　　　　　　　　　　（单位：m）

加宽类型	设计车辆	圆曲线半径								
		250~200	<200~150	<150~100	<100~70	<70~50	<50~30	<30~25	<25~20	<20~15
1	小客车	0.4	0.5	0.6	0.7	0.9	1.3	1.5	1.8	2.2
2	载重汽车	0.6	0.7	0.9	1.2	1.5	2.0	—	—	—
3	铰接列车	0.8	1.0	1.5	2.0	2.7	—	—	—	—

四级公路和设计速度为 30km/h 的三级公路采用第 1 类加宽值；其余各级公路采用第 3 类加宽值；对不经常通行集装箱运输半挂车的公路可采用第 2 类加宽值。

单车道路面加宽值按表列数值的 1/2 采用。由 3 条以上车道构成的行车道，其加宽值应另行计算。对于分道行驶的公路，当圆曲线半径较小时其内侧车道的加宽值应大于外侧车道的加宽值，设计时应通过计算确定其差值。

各级公路的路面加宽后，路基也应相应加宽。当四级公路路基采用 6.5m 以上宽度时，若路面加宽后剩余的路肩宽度不小于 0.5m，则路基可不予加宽；若小于 0.5m，则应加宽路基以保证路肩宽度不小于 0.5m。

三、加宽缓和段及其作用

为了使路面由直线上的正常宽度过渡到曲线上设置了加宽的宽度，需设置加宽过渡段。在加宽过渡段上，路面具有逐渐变化的宽度。加宽过渡的设置根据道路性质和等级可采用不同的方法。

（1）比例过渡　在加宽过渡段全长范围内按其长度成比例逐渐加宽，如图 3-24、图 3-25 所示。

$$b_x = \frac{L_x}{L}b$$

式中，L_x 为任意点距过渡段起点的距离（m）；L 为加宽过渡段长（m）；b 为圆曲线上的全

加宽（m）。

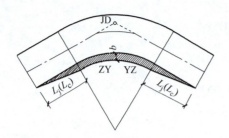

图 3-24　加宽过渡段（单圆曲线）

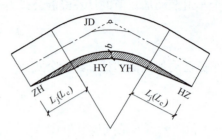

图 3-25　加宽过渡段（基本曲线形）

比例过渡简单易做，但经加宽以后的路面内侧与行车轨道不符，过渡段的起终点出现破折，路容也不美观。这种方法可用于二级公路、三级公路、四级公路。

（2）高次抛物线过渡　在加宽过渡段上插入一条高次抛物线，抛物线上任意点的加宽值

$$b_x = (4k^3 - 3k^4)b$$

式中，$k = L_x/L$。

用这种方法处理以后的路面内侧边缘美观，适用于对路容有一定要求的高速公路和一级公路。

（3）回旋线过渡　在过渡段上插入回旋线，这样不但中线上有回旋线，而且加宽以后的路面边线也是回旋线，与行车轨迹相符，保证了行车的顺适与线性的美观。这种方法适用于高速公路和一级公路、二级公路的下列路段：

1）位于大城市近郊的路段。

2）桥梁、高架桥、挡土墙、隧道等构造物处。

3）设置各种安全防护设施的路段。

（4）直线与圆弧相切过渡　四级公路不设缓和曲线，其加宽过渡在直线上进行。在人工构造物处，因设置加宽过渡段而在圆曲线起、终点内侧边缘产生明显转折时，可采用路面加宽边缘线与圆曲线上路面加宽后的边缘线圆弧相切的方法予以消除，如图 3-26 所示。

图 3-26　加宽过渡段内侧边缘转折的消除

其近似公式为

$$\alpha = \frac{-L + \sqrt{L^2 + 2(R-B)b}}{R-B}$$

$$L_i = R\alpha$$

$$b_i = L\tan\alpha$$

式中，L_i 为圆曲线起终点至切点的距离（m）；

b_i 为修正后圆曲线起、终点处路面加宽值（m）；

R 为圆曲线半径（m）；

L 为加宽过渡段长度（m）；

B 为未加宽前路面长度（m）；
b 为圆曲线段路面加宽值（m）；
α 为路面加宽边缘线与加宽路面边缘线的夹角（rad）。

上面介绍的方法中，有的是对地形顺滑美观有利，但计算和测设比较烦琐，有的是计算和测设相对简便，但线形不够顺滑，比较呆板。实际案例中，高等级公路和人工构造物的地段应尽量采用于线形有利的方法，因为这些地方即使增加计算的工作量也是值得的。尤其是计算机和光电类测量仪器普遍使用，使测设计算变得容易，所以不但在高等级公路上，而且在一般公路上都宜优先考虑采用有利于线性的加宽过渡方法。

任务四　行车视距

为保证行车安全，驾驶员应能随时看到汽车前面相当远的一段路程，一旦发现前方路面上有障碍物或迎面来车时能及时采取措施避免相撞，这一必需的最短距离称为行车视距。

一、行车视距的类型

驾驶员发现前方路面上有障碍物或迎面来车时，根据其采取措施的不同，行车视距可分为以下 4 种类型：

1）停车视距：汽车行驶时，从驾驶员发现前方障碍物时起至障碍物前能够安全制动停车所需的最短距离。

2）会车视距：在同一车道上，两对向行驶的汽车从相互发现同时采取制动措施至双双安全停车，避免碰撞所需的最短距离。

3）错车视距：在无明确划分车道线的双车道公路上两对向行驶的汽车相遇，从相互发现对方同时采取减速避让措施至安全错车所需的最短距离。

4）超车视距：在双向行驶的双车道公路上，后车超越前车时从开始驶离原车道，到可见逆行车并能完成超车后安全驶回原车道所需的最短距离。

在上述 4 种视距中，前 3 种属于对向行驶，第 4 种属于同向行驶。因第 4 种需要的距离最长，故需单独研究。前 3 种中以会车视距最长，约为停车视距的 2 倍，因此只要能保证会车视距，则停车视距和错车视距也就可以得到保证。高速公路、一级公路的视距应采用停车视距，二级、三级、四级的公路应采用会车视距。

二、视距的计算

计算视距时首先要明确"目高"和"物高"。

目高是指驾驶员眼睛距地面的高度，以车体较低的小客车为标准，据实测采用 1.2m。

物高不仅要考虑安全和经济方面的因素，还要考虑汽车底盘离地的最小高度（变化范围为 0.14～0.20m），故规定物高为 0.10m。

（1）停车视距　停车视距由 3 部分组成，如图 3-27 所示，包括反应距离（S_1）、制动距离（S_2）和安全距离（S_3），即

$$S_T = S_1 + S_2 + S_3$$

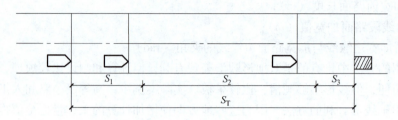

图 3-27 停车视距

1）反应距离。它是指当驾驶员发现前方的障碍物来时，判断是否采取制动措施，到制动真正开始生效的反应时间内汽车所行驶的距离。根据实测资料，在设计上采用反应时间 1.5s，制动生效时间 1.0s 是比较合适的，也就是总的反应时间 t 是 2.5s，在这个时间内汽车行驶的距离为

$$S_1 = \frac{Vt}{3.6}$$

式中，S_1 为反应距离（m）；V 为各级公路的设计速度（km/h）；t 为反应时间（s），一般取 1~2s。

2）制动距离。它是指汽车从制动生效到汽车完全停住的时间内所走的距离。制动距离的大小与汽车的制动性能、车速有关，同时，也与汽车的质量、驾驶员的技术高低等有关，因此，还需要考虑汽车的制动系数，其计算公式为

$$S_2 = \frac{KV^2}{254(\varphi \pm i)}$$

式中，S_2 为汽车制动距离（m）；V 为设计速度（km/h）；φ 为纵向摩阻系数；i 为公路纵坡，以小数计；K 为制动系数，一般取 1.2~1.4。

3）安全距离。汽车停车后应有一定的安全距离以保证在障碍物前安全停下而不至于冲到障碍物上。安全距离 S_3 一般取 5~10m。综上所述，停车视距的计算公式为

$$S_T = S_1 + S_2 + S_3 = \frac{Vt}{3.6} + \frac{KV^2}{254(\varphi \pm i)} + S_3$$

我国《公路工程技术标准》（JTG B01—2014）充分分析了决定汽车制动的各种因素，结合国外的基本情况确定了各级公路的停车规定视距，见表 3-10。

表 3-10 各级公路停车视距

设计车速/（km/h）	120	100	80	60	40	30	20
停车视距/m	210	160	110	75	40	30	20

高速公路、一级公路应满足停车视距的要求；其他各级公路应满足会车视距的要求，见表 3-11。

表 3-11 二级公路、三级公路、四级公路会车视距

设计速度/（km/h）	80	60	40	30	20
会车视距/m	220	150	80	60	40

（2）超车视距　为了超车的安全，驾驶者必须能够看到前面足够长度的车流空隙，以便保证超车时的交通安全。超车视距的全程可分为 4 个阶段，如图 3-28 所示，包括汽车加速行驶的安全距离（S_1），超车汽车在对象车道上行驶的距离（S_2），超车完成时超车汽车与对向汽车之间的安全距离（S_3），超车时间内对向汽车所行驶的距离（S_4）。

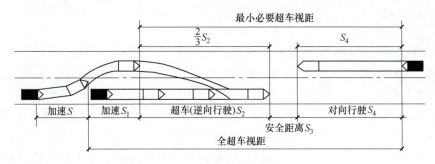

图 3-28　超车视距

全超车视距

$$S_c = S_1 + S_2 + S_3 + S_4$$

1）汽车加速行驶的安全距离。当超车的汽车经判断，认为有超车的可能时就加速行驶移向对向车道，在进入对向车道前所行使的距离为

$$S_1 = \frac{V_0 t_1}{3.6} + \frac{1}{2} a t_1^2$$

式中，V_0 为被超汽车均速行驶的速度（km/h）；t_1 为加速时间（s）；a 为平均加速度（m/s²）。

2）超车汽车在对向车道上行驶的距离为

$$S_2 = \frac{V t_2}{3.6}$$

式中，V 为超车汽车的速度（km/h）；t_2 为在对向车道上的行驶时间（s）。

3）超车完成时超车汽车与对向汽车之间的安全距离。这个安全距离应根据不同等级公路上的设计速度不同而采用不同的数值，一般取 $S_3 = 15 \sim 100 \mathrm{m}$。

4）超车时间内对向汽车所行驶的距离。超车汽车从开始加速超车到完成超车的过程中，对向汽车所行驶的距离为

$$S_4 = \frac{(t_1 + t_2) V}{3.6}$$

以上 4 个过程之和是比较理想的全超车过程，但距离较长，在地形比较复杂的地段很难实现。在实际的超车过程中，当超车汽车加速追上被超汽车之后，一旦发现有对向来车而距离不足时还可以回到原来的车道。这个时间一般可大致取超车汽车在对向车道行驶时间的 2/3，在确定对向来车的行驶时间时只需考虑超车汽车进入对向车道后的时间就能够保证交通安全，所以保证行车安全最小的超车视距为

$$S_c = \frac{2}{3} S_2 + S_3 + S_4$$

我国《公路路线设计规范》（JTG D20—2017）充分考虑了超车时的各种因素，确定了二级公路、三级公路、四级公路汽车的超车视距，见表 3-12。

表 3-12　二级公路、三级公路、四级公路超车视距

设计车速/(km/h)		80	60	40	30	20
超车视距/m	一般值	550	350	200	150	100
	最小值	350	250	150	100	70

三、视距采用的标准

停车视距、超车视距和会车视距应根据公路等级和具体条件采用，对此我国《公路工程技术标准》（JTG B01—2014）和《公路路线设计规范》（JTG D20—2017）规定如下：

1）高速公路和一级公路应满足停车视距的要求。其原因是高速公路和一级公路均有中间分隔带，无对向车，因此不存在会车问题；高速公路和一级公路的车道均在 4 条以上，快慢车划线分隔行驶，各行其道，因此也不存在超车问题。

2）二级公路、三级公路、四级公路应满足会车视距的要求。在工程特别困难或其他条件受限制的地段可采用停车视距，但必须采取分道行驶的措施，例如设分隔带、分道线、分隔桩或设两条分离的单车道。

3）二级公路、三级公路、四级公路除应符合停车视距的规定外，还应在适当的间隔内设置满足表 3-12 所列超车视距"一般值"的超车路段。当有地形及其他原因限制时，超车视距长度可适当缩短，最小不应小于表 3-12 所列的"最小值"。二级公路宜在 3~4min 的行使时间内提供一次满足超车视距要求的超车路段。一般情况下，超车路段不小于路线总长度的 20%。

> **知识拓展**
>
> 为了保证车辆安全顺利通过交叉口，应使驾驶员在交叉口之前的一定距离能识别交叉口的存在及交通信号和交通标志等，这一距离称为识别距离。《公路工程技术标准》（JTG B01—2014）中规定：各级公路的互通式立交、服务区、停车区、公共汽车停靠站等各类出、入口路段应满足识别视距。不同的设计速度对应的识别视距宜符合表 3-13 规定。
>
> 表 3-13　不同设计速度对应的识别视距
>
> | 设计速度/(km/h) | 120 | 100 | 80 | 60 |
> |---|---|---|---|---|
> | 识别视距/m | 350（460） | 290（380） | 230（300） | 170（240） |

任务五　方位角和中桩坐标计算

一、中桩坐标的计算步骤

"逐桩坐标"即各个中桩的坐标，其计算和测量方法是按"从整体到局部"的原则进行的。具体计算步骤如下：

（1）计算导线点坐标　对采用两阶段勘测设计的公路或一阶段设计但遇地形困难的路段，一般都要先进行平面控制测量。路线的平面控制测量多采用导线测量的方法，在有条件时可优先采用全球定位系统（Global Positioning System，GPS）的测量方法。导线测量的方

法有经纬仪导线法、光电测距仪法和全站仪法。其中，全站仪法可以直接读取导线点的坐标，其他方法可以在测得各边边长及其夹角后用坐标增量法逐点推算其坐标。用 GPS 定位技术进行观测，则可在测站之间不通视的情况下高精度、高效率地获得测点的三维坐标。

（2）计算交点坐标　当导线点经平差后的精度满足要求时，即可展绘在图纸上。直接定线时，以导线点为依据在现场直接测得路线各交点的坐标。直接定线的交点坐标若是用全站仪测量则可以很方便地获得。纸上定线的交点坐标可以在图纸上量取。

（3）计算各中桩坐标　中桩坐标的计算步骤如下：

1）计算交点坐标并根据交点坐标计算路线转角，再结合 L_s 和 R 计算曲线元素。

2）计算曲线起（ZH 点或 ZY 点）、终（HZ 点或 YZ 点）点的坐标。

3）计算直线或曲线上任意点的坐标。

二、中桩坐标的计算公式

如图 3-29 所示，交点坐标 X_{JD}、Y_{JD} 已经测定，路线导线的坐标方位角 A 和边长 S 按坐标反算求得。所选定各圆曲线半径 R 和缓和曲线长度 L_s 后，根据各桩的里程桩号，按下述方法即可求出相应的坐标值 X、Y。

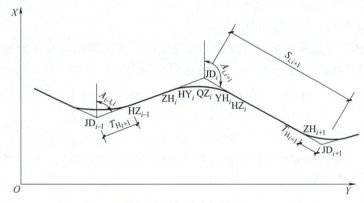

图 3-29　逐桩坐标计算

（1）HZ 点（包括路线起点）至 ZH 点之间的中桩坐标计算　如图 3-29 所示，HZ 点至 ZH 点为直线，其间中桩的坐标按下式计算

$$\begin{cases} X_i = X_{HZ_{i-1}} + D_i \cos A_{i-1,i} \\ Y_i = Y_{HZ_{i-1}} + D_i \cos A_{i-1,i} \end{cases}$$

式中，$A_{i-1,i}$ 为路线导线 JD_{i-1} 至 JD_i 的坐标方位角；D_i 为待计算桩点至 HZ_{i-1} 点的距离，即桩点里程与 HZ_{i-1} 里程之差；$X_{HZ_{i-1}}$、$Y_{HZ_{i-1}}$ 为 HZ_{i-1} 的坐标，由下式计算

$$\begin{cases} X_{HZ_{i-1}} = X_{JD_{i-1}} + T_{H_{i-1}} \cos A_{i-1,i} \\ Y_{HZ_{i-1}} = Y_{JD_{i-1}} + T_{H_{i-1}} \sin A_{i-1,i} \end{cases}$$

式中，$X_{JD_{i-1}}$、$Y_{JD_{i-1}}$ 为交点 JD_{i-1} 的坐标；$T_{H_{i-1}}$ 为切线长。

ZH 点为直线的起点，可按下式计算

$$\begin{cases} X_{HZ_{i-1}} = X_{JD_{i-1}} + (S_{i-1,i} - T_{H_i}) \cos A_{i-1,i} \\ Y_{HZ_{i-1}} = Y_{JD_{i-1}} + (S_{i-1,i} - T_{H_i}) \sin A_{i-1,i} \end{cases}$$

式中，$S_{i-1,i}$ 为路线导线 JD_{i-1} 至 JD_i 的边长。

（2）ZH 点至 YH 点之间的中桩坐标计算　切线支距法是以直缓点 ZH 或缓直点 HZ 为坐标原点，以过原点的切线为 x 轴，利用缓和曲线和圆曲线上各点的 x、y 坐标测设曲线。

在缓和曲线上各点的坐标可按下式计算：

$$\begin{cases} x = l - \dfrac{l^5}{40R^2 l_s^2} \\ y = \dfrac{l^3}{6R l_s} \end{cases}$$

在圆曲线上各点的坐标参考图 3-30 按下式计算：

$$\begin{cases} x = R\sin\varphi + q \\ y = R(1 - \cos\varphi) + p \\ \varphi = \dfrac{l_0}{R} \dfrac{180°}{\pi} + \beta_0 \end{cases}$$

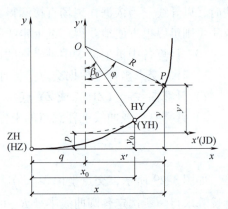

图 3-30　逐桩坐标计算

式中，l 为缓和曲线上某点到原点的曲线长（m）；l_0 为该点到 HY 点或 YH 点的曲线长（m），仅为圆曲线部分的长度；l_s 为缓和曲线长度。

包括第一缓和曲线及圆曲线，可按以上切线支距公式先算出切线支距坐标 x、y，然后通过坐标变换将其转换为测量坐标 X、Y；坐标变换公式为

$$\begin{bmatrix} X_i \\ Y_i \end{bmatrix} = \begin{bmatrix} X_{ZH_i} \\ Y_{ZH_i} \end{bmatrix} + \begin{bmatrix} \cos A_{i-1,i} & -\sin A_{i-1,i} \\ \sin A_{i-1,i} & -\cos A_{i-1,i} \end{bmatrix} \begin{bmatrix} x_i \\ y_i \end{bmatrix}$$

在运用此式计算时，当曲线为左转角时，应以 $y_i = -y_i$ 代入。

（3）YH 点至 HZ 点之间的中桩坐标计算　此段为第二缓和曲线，仍可按切线支距公式先算出切线支距坐标，再按下式转换为测量坐标

$$\begin{bmatrix} X_i \\ Y_i \end{bmatrix} = \begin{bmatrix} X_{ZH_i} \\ Y_{ZH_i} \end{bmatrix} + \begin{bmatrix} \cos A_{i,i+1} & -\sin A_{i,i+1} \\ \sin A_{i,i+1} & -\cos A_{i,i+1} \end{bmatrix} \begin{bmatrix} x_i \\ y_i \end{bmatrix}$$

当曲线为右转角时，应以 $y_i = -y_i$ 代入。

任务六　平面设计成果

一、平面线形的平衡与调和

平面线形应直捷、连续、顺适，并与地形、地物相适应，与周围环境相协调。在地势平坦开阔的平原微丘区，路线直捷舒顺，在平面线形三要素中直线所占比例较大。而在地势有很大起伏的山岭和重丘区，路线则多弯曲，曲线所占比例较大。可设想，如果在没有任何障碍物的开阔地区（如戈壁、草原）故意设置一些不必要的弯道或者在高低起伏的山地硬拉长直线，都将给人以不协调的感觉。路线要与地形相适应，这既是美学问题，也是经济问题和保护生态环境的问题。直线、圆曲线、回旋线的选用与合理组合取

决于地形、地物等具体条件,片面强调路线要以直线为主或以曲线为主,或人为规定三者的比例都是错误的。

行驶力学上的要求是基本的,高速路对视觉和心理上的要求应尽量满足各级公路对于行驶力学的要求,必须保证计算行车速度大于或等于60km/h的公路对于视觉和心理上的要求应尽量满足。

高速公路、一级公路以及计算行车速度大于或等于60km/h的公路,应注重立体线形设计,尽量做到线形连续、指标均衡、视觉良好、景观协调、安全舒适。计算行车速度越高,线形设计所考虑的因素越应周全。

计算行车速度小于40km/h的公路,首先应在保证行车安全的前提下,正确地运用平面线形要素最小值,在条件允许不过多增加工程量的情况下力求做到各种线形要素的合理组合,并尽量避免和减少不利组合,以期充分发挥投资效益。

为使一条公路上的车辆以均匀的速度行驶,应注意各线形要素保持连续性且不出现技术指标的突变,以下几点在设计时应十分注意:

1)长直线尽头不能接小半径曲线。长的直线和长的大半径曲线会导致较高的车速,若突然出现小半径曲线,则会因减速不及而造成事故,特别是在下坡方向的尽头更要注意。若由于地形所限小半径曲线难免时,则中间应插入中等曲率的过渡性曲线,并使纵坡不要过大。

2)高、低标准之间要有过渡。同一等级的公路由于地形的变化在指标的采用上也会有变化,或同一条公路按不同计算行车速度的各设计路段之间也会形成技术标准的变化。遇有这种高、低标准变化的路段,除满足有关设计路段在长度和梯度上的要求外,还应结合地形的变化,使选线的平面线形指标逐渐过渡,避免出现突变。不同标准的路段相互衔接的地点,应选在交通量发生变化处,或者驾驶员能够明显判断前方需要改变行车速度的地方。

应避免连续急弯的线形,这种线形给驾驶员造成不便,给乘客的舒适也带来不良影响。设计时可在曲线间插入足够长的直线或回旋线。

平曲线太短,汽车在曲线上行驶时间过短,会使驾驶操纵来不及调整,所以《公路路线设计规范》(JTG D20—2017)规定了平曲线(包括圆曲线及其两端的缓和曲线)长度的一般值,见表3-14。当地形条件及其他特殊情况限制时,可采用表3-14中的最小值。

表3-14 平曲线长度

设计车速/(km/h)		120	100	80	60	40	30	20
平曲线长度/m	一般值	600	500	400	300	200	150	100
	最小值	200	170	140	100	70	50	40

公路弯道在一般情况下是由两段缓和曲线(或超高、加宽缓和段)和一段圆曲线组成的。缓和曲线(一般采用回旋线)的长度不能小于该级公路对其最小长度的规定;中间圆曲线的长度也宜有大于3s的行程。当条件受限时,可将缓和曲线在曲率相等处直接相连接,此时的圆曲线长度等于零,如凸形曲线。

当路线交点转角很小时,驾驶员在高速行车中会把平曲线的长度看得比实际的小,产生路线急转弯的错觉,这种错觉在偏角越小时越明显。一般认为,当路线偏角小于7°时属于小偏角的范畴,对小偏角的弯道应设置较长的平曲线长度,其长度应大于表3-15中规定的一般值,但受地形或其他特殊情况制约时,可减短至表中的最小值。

表 3-15　公路转角小于或等于 7° 时的平曲线长度

设计车速/(km/h)		120	100	80	60	40	30	20
平曲线长度/m	一般值	$1400/\theta$	$1200/\theta$	$1000/\theta$	$700/\theta$	$500/\theta$	$350/\theta$	$280/\theta$
	最小值	200	170	140	100	70	50	40

注：表中 θ 为路线转角值（°），当 $\theta<2°$ 时，按 2° 计算。

二、路线平面设计成果

路线平面设计的技术成果主要包括图纸和表格两部分。其中，图纸有路线平面设计图、路线平面总体设计图、道路用地图、路线交叉设计图、纸上移线图等；表格有直线、曲线及转角表，逐桩坐标表，路线交点坐标表（或含在"直线、曲线及转角表"中），路线固定表，总里程及断链桩号表（或含在"直线、曲线及转角表"中）等。各种图纸和表格的样式可以参见交通运输部颁布的相关示例，这里仅就主要的表格"直线、曲线及转角表""逐桩坐标表"和主要的图纸"路线平面设计图"加以说明。

1. 直线、曲线及转角表

直线、曲线及转角表是路线平面设计的重要成果之一，它集中反映了公路平面线形设计的成果和数据，是施工放线和复测的主要依据。只有在完成"直线、曲线及转角表"以后，才能据此填写"逐桩坐标表"和绘制"路线平面设计图"。此外，在做路线的纵断面、横断面设计和其他构造物设计时都要使用该表的数据。表中应列出交点号、交点坐标、转角值、曲线各要素值、曲线位置、直线长度及方向、断链等。其中"交点坐标"一栏，视公路等级和测设情况取舍，具体见表 3-16。

2. 逐桩坐标表

逐桩坐标表是高等级公路平面设计成果之一，是公路中线放样的重要资料。高等级公路的线形指标高，表现在平面上的圆曲线半径较大、回旋线较长，因此在测设和放样时须采用坐标法以保证其测量精度。逐桩坐标表示例见表 3-17。

3. 路线平面设计图

路线平面设计图是公路设计文件的重要组成部分。路线平面设计图可以反映出公路的平面位置和所经过地区的地形、地物等，还可以反映出路线所经地段的各种结构物，如挡土墙、边坡、排水沟、桥涵等的具体位置以及和地形、地物的关系。它是设计人员对路线设计意图的总体体现。路线平面设计图无论对提供有关部门审批、专家评议、设计初审、设计会审、工程施工以及指导后续工作如施工图设计、施工放样等都起着重要的作用。

公路路线平面设计图是指包括公路中线在内的有一定宽度的带状地形图。若为供工程可行性研究、初步设计阶段的方案研究与比选，则可采用 1∶5000 或 1∶10000 的比例尺测绘（或向国家测绘部门和其他工程单位搜集），但作为初步设计、施工图设计的设计文件组成部分应采用更大的比例尺。一般常用的是 1∶2000，在平原微丘区可用 1∶5000。地形特别复杂地段的路线初步设计、施工图设计可用 1∶500 或 1∶1000。若为纸上移线，则比例尺将更大。

路线带状地形图的测绘宽度一般为中线两侧各 100～200m。对 1∶5000 的地形图，测绘宽度每侧应不小于 250m。若有比较线，则应将比较线包括进去。

（1）路线平面设计图的内容

1）公路沿线的地形、地物情况。

表 3-16 某公路直线、曲线及转角表

直线、曲线及转角表

交点号	交点坐标 X	交点坐标 Y	交点桩号	转角值 左转 (°'″)	转角值 右转 (°'″)	半径 R	第一缓和曲线参数 A_1	第二缓和曲线参数 A_2	第一缓和曲线长度 L_1	第二缓和曲线长度 L_2	第一切线长度 T_1	第二切线长度 T_2	曲线长度 L	外距 E	第一缓和曲线起点 ZH	第一缓和曲线终点 HY (ZY)	曲线中点 QZ	第二缓和曲线起点 YH (YZ)	第二缓和曲线终点 HZ	直线长度/m	交点间距/m	计算方位角 (°'″)	备注
QD	396695.229	505478.394	K0+000																	1.730		217°28′04.7″	
JD1	396563.000	505453.693	K0+040.606		18°3′43.7″	150.000	67.0820	67.0820	30.000	30.000	38.876	38.876	77.287	2.136	K0+001.730	K0+031.730	K0+040.373	K0+049.017	K0+079.017	104.803	40.606	225°31′48.4″	
JD2	396434.354	505266.300	K0+267.442		14°50′15.2″	450.000	150.0000	150.0000	50.000	50.000	83.622	83.622	166.534	4.032	K0+183.820	K0+233.820	K0+267.087	K0+300.354	K0+350.354	169.625	227.301	250°22′03.4″	
JD3	396310.180	504918.204	K0+636.312	15°25′53.7″		600.000	204.9390	204.9390	70.000	70.000	116.334	116.334	231.599	5.825	K0+519.978	K0+589.978	K0+635.778	K0+681.578	K0+751.578	567.102	369.581	234°56′09.7″	
JD4	395863.838	504282.274	K1+412.179	25°41′49.4″		300.000	122.4745	122.4745	50.000	50.000	93.499	93.499	184.549	8.061	K1+318.680	K1+368.680	K1+410.955	K1+453.230	K1+503.230	327.651	776.935	209°14′20.3″	
JD5	395341.075	503989.644	K2+008.825		53°58′27.8″	300.000	122.4745	122.4745	50.000	50.000	177.944	177.944	332.609	37.049	K1+830.881	K1+880.881	K1+997.186	K2+113.490	K2+163.490	611.949	599.095	263°12′48.1″	
ZZ6	395247.731	503205.286	K2+775.439	53°58′27.8″																743.137	789.893	209°14′20.3″	转折点
JD7	394432.004	502748.663	K3+710.273		67°18′15.6″	250.000	111.8034	111.8034	50.000	50.000	191.697	191.697	343.670	50.81	K3+518.576	K3+568.576	K3+690.412	K3+812.247	K3+862.247	1117.753	934.834	276°32′35.9″	
ZD	394581.221	501447.743	K4+980.000																		1309.450		
合计													1336.248							3643.75			

表 3-17 某公路某段逐桩坐标表

桩号	坐	标	桩号	坐	标	桩号	坐	标
K0+000	396595.229	505478.394	K0+600	396320.486	504953.130	K1+200	395985.733	504455.945
K0+020	396579.494	505466.050	K0+620	396312.070	504934.988	K1+220	395974.244	504439.575
K0+040	396564.807	505452.493	K0+640	396303.054	504917.137	K1+240	395962.754	504423.204
K0+060	396551.968	505437.174	K0+660	396293.448	504899.596	K1+260	395951.264	504406.834
K0+080	396540.441	505420.832	K0+680	396283.262	504882.385	K1+280	395939.774	504390.464
K0+100	396529.121	505404.343	K0+700	396272.530	504865.509	K1+300	395928.284	504374.094
K0+120	396517.802	505387.855	K0+720	396261.386	504848.902			
K0+140	396506.482	505371.366	K0+740	396249.994	504832.463			
K0+160	396495.163	505354.878	K0+760	396238.509	504816.090			
K0+180	396483.843	505338.390	K0+780	396227.019	504799.719			
K0+200	396472.550	505321.883	K0+800	396215.530	504783.349			
K0+220	396461.495	505305.217	K0+820	396204.040	504766.979			
K0+240	396450.982	505288.205	K0+840	396192.550	504750.609			
K0+260	396441.217	505270.752	K0+860	396181.060	504734.239			
K0+280	396432.238	505252.883	K0+880	396169.570	504717.868			
K0+300	396424.061	505234.633	K0+900	396158.081	504701.498			
K0+320	396416.651	505216.057	K0+920	396146.591	504685.128			
K0+340	396409.744	505197.288	K0+940	396135.101	504668.758			
K0+360	396403.017	505178.453	K0+960	396123.611	504652.387			
K0+380	396396.297	505159.616	K0+980	396112.121	504636.017			
K0+400	396389.577	505140.779	K1+000	396100.631	504619.647			
K0+420	396382.858	505121.941	K1+020	396089.142	504603.277			
K0+440	396376.138	505103.104	K1+040	396077.652	504586.907			
K0+460	396369.418	505084.267	K1+060	396066.162	504570.536			
K0+480	396362.699	505065.429	K1+080	396054.672	504554.166			
K0+500	396355.979	505046.592	K1+100	396043.182	504537.796			
K0+520	396349.259	505027.755	K1+120	396031.693	504521.426			
K0+540	396342.510	505008.928	K1+140	396020.203	504505.055			
K0+560	396335.581	504990.167	K1+160	396008.713	504488.685			
K0+580	396328.296	504971.541	K1+180	395997.223	504472.315			

2）公路交点和转点位置及里程桩标注、公路沿线各类控制桩位置及有关数据。

3）路线所经地段的地名，重要地理位置情况标注。

4）各类结构物设计成果的标注。

5）若图样中包含弯道，则应包括曲线要素表和导线、交点坐标表。

6）图签和有关说明。

（2）测绘步骤

1）按照要求选定比例尺。

2）依直线、曲线及转角表及中线资料绘制公路中线图。

3）在公路中线图上标出公路起终点里程桩、百米桩、公里桩、曲线要素桩、桥涵桩及位置。

4）实地测绘沿线带状地形图并现场勾绘出等高线。

5）根据设计情况在图纸上标出各类结构物的平面位置并在图上列出直线、曲线及转角表等有关内容。公路路线平面如图 3-31 所示。

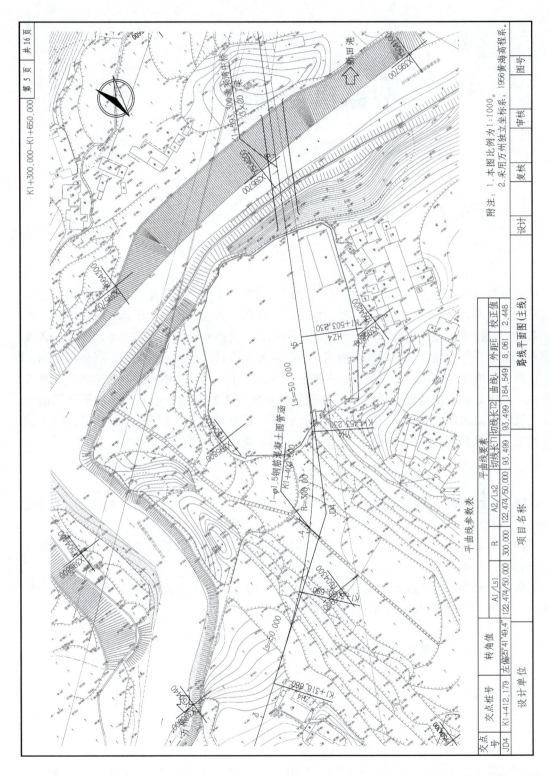

图 3-31 公路路线平面

项目四

公路纵断面设计

任务一　纵断面线形组成及分析

一、纵断面图概述

道路纵断面是指沿道路中心线纵向垂直剖切所得的一个立面。道路纵断面设计主要是根据道路的性质和等级，汽车类型和行驶性能，沿线地形、地物的状况，当地气候、水文、土质的条件以及排水的要求，具体确定纵坡的大小和各点的高程。为了适应行车的要求，各级公路在纵坡变更处均应设置竖曲线。因而，道路纵断面设计线是由直线和竖曲线所组成的。

道路纵断面图主要由两部分组成：一部分是图的上半部，主要用来绘制原地面线和纵坡设计线，其中原地面线是根据道路中线各桩号的地面高程绘制的一条高低起伏不规则的折线，它反映了沿道路中线地面的起伏变化情况；另一部分是图的下半部，主要内容包括土壤地质状况，设计高程，地面高程，桩号和高程，填、挖深度，直线与平曲线。

二、竖曲线设计

纵断面上相邻两个坡段的转折处，为了行车安全、舒适及视距的要求，需要用一条曲线来缓和，即竖曲线。

竖曲线的形式，通常采用平曲线或二次抛物线两种。设计和计算中常采用二次抛物线的形式表达。

纵断面上相邻两条纵坡的坡度分别为 i_1、i_2。i_2 与 i_1 的差值为正时的竖曲线称为凹形竖曲线，差值为负时的竖曲线称为凸形竖曲线。

1. 竖曲线的基本方程

我国采用的是二次抛物线作为竖曲线的常用形式。其基本方程为

$$x^2 = 2py$$

若取抛物线参数 p 为竖曲线的半径 R，则

$$y = \frac{x^2}{2R}$$

2. 竖曲线要素计算公式

（1）切线上任意点与竖曲线间的竖距　如图 4-1 所示，切线上任意点与竖曲线间的竖距 h 通过推导可得

$$h = PQ = y_P - y_Q = \frac{1}{2R}(x_A - l)^2 - (y_A - li_1) = \frac{l^2}{2R}$$

(2) 竖曲线长

$$L = R\omega$$

(3) 竖曲线切线长

$$T = T_A = T_B \approx L/2 = \frac{R\omega}{2}$$

(4) 竖曲线的外距

$$E = \frac{T^2}{2R}$$

(5) 竖曲线上任意点至相应切线的距离（纵距）

$$y = \frac{x^2}{2R}$$

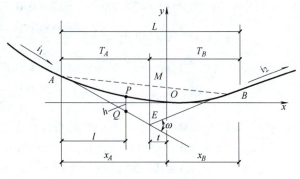

图 4-1　竖曲线计算图示

式中，x 为竖曲线任意点至竖曲线起点（或终点）的距离（m）；R 为竖曲线的半径（m）；ω 为变坡角，等于坡度值之差，$\omega = i_2 - i_1$。

竖曲线计算的目的是确定设计纵坡上指定桩号的路基设计高程，其计算步骤如下：

1) 计算竖曲线基本要素即竖曲线长 L、切线长 T、外距 E。

2) 计算竖曲线起、终点的桩号：竖曲线起点的桩号 = 变坡点的桩号 − 切线长 T；竖曲线终点的桩号 = 变坡点的桩号 + 切线长 T。

3) X = 任意点桩号 − 起点桩号。

4) 竖曲线上任意点的纵距 $y = \frac{x^2}{2R}$。

5) 各桩号对应的切线高程 = 起点桩号处的高程 + X × 竖曲线设计纵坡的坡度 i。

6) 设竖曲线后各桩号处的设计高程为：各桩号处的设计高程 = 各桩号对应的切线高程 ± 各桩号处的纵距。

【例 4-1】　某山岭区二级公路，变坡点桩号为 K3 + 030.00，高程为 427.68m，前坡为上坡，$i_1 = +5\%$，后坡为下坡，$i_2 = -4\%$，竖曲线半径 $R = 2000$m。试计算竖曲线各要素以及桩号为 K3 + 000.00 和 K3 + 100.00 处的设计高程。

【解】　(1) 计算竖曲线要素

$$\omega = i_2 - i_1 = (-4\%) - 5\% = -0.09$$

所以该竖曲线为凸形竖曲线。

曲线长：$L = R\omega = 2000\text{m} \times 0.09 = 180\text{m}$

切线长：$T = L/2 = 180\text{m}/2 = 90\text{m}$

外距：$E = \frac{T^2}{2R} = \frac{(90\text{m})^2}{2 \times 2000\text{m}} = 2.03\text{m}$

(2) 竖曲线起、终点桩号

竖曲线起点桩号 = (K3 + 030.00) − 90 = K2 + 940.00

竖曲线终点桩号 = (K3 + 030.00) + 90 = K3 + 120.00

（3）K3+000.00、K3+100.00 处的切线高程和纵距

K3+000.00 的切线高程 = 427.68m − [(K3+030.00) − (K3+000.00)]m × 5% = 426.18m

$$K3+000.00 \text{ 的纵距} = \frac{[(K3+000.00)-(K2+940.00)]^2}{2\times 2000}m = 0.90m$$

K3+100.00 的切线高程 = 427.68m − [(K3+100.00) − (K3+030.00)]m × 4% = 424.88m

$$K3+100.00 \text{ 的纵距} = \frac{[(K3+120.00)-(K3+100.00)]^2}{2\times 2000}m = 0.10m$$

（4）K3+000.00 和 K3+100.00 的设计高程

K3+000.00 的设计高程 = 426.18m − 0.90m = 425.28m

K3+100.00 的设计高程 = 424.88m − 0.10m = 424.78m

【例4-2】 某路段中有一变坡点桩号为 K3+510，切线高程为 23.56m，其相邻坡段的纵坡分别为 −4% 和 +3.80%。为保证路基的最小填土高度，变坡点处的路基设计高程不得低于 25.72m。

1）计算竖曲线半径最小应为多少 m（取百米的整数倍）？

2）用确定的竖曲线半径计算竖曲线起、终点桩号。

【解】 1）计算竖曲线最小半径。

$$E = 25.72m - 23.56m = 2.16m < \frac{T^2}{2R} = 2.205m$$

$$\omega = i_2 - i_1 = 0.038 - (-0.04) = 0.078$$

所以该竖曲线为凹型竖曲线。

$$R = \frac{8E}{\omega^2} = \frac{8\times 2.16m}{0.078^2} = 2840m$$

取整 $R = 2900m$。

2）计算竖曲线起终点桩号。

$$L = R\omega = 2900m \times 0.078 = 226.2m$$

$$T = \frac{L}{2} = \frac{226.2m}{2} = 113.1m$$

起点桩号：K3+(510−113.1) = K3+396.9

终点桩号：K3+(510+113.1) = K3+623.1

起点高程：23.56m − 113.1m × (−0.04) = 28.084m

终点高程：23.56m + 113.1m × 0.038 = 27.858m

$$E = \frac{T^2}{2R} = \frac{113.1^2}{2\times 2900}m = 2.205m$$

实际高程：23.56m + 2.205m = 25.765m

三、最大纵坡

最大纵坡是指在纵坡设计时各级道路允许采用的最大坡度值。它是道路纵断面设计的重

要控制性指标。纵坡的大小长短直接影响道路路线的长短、工程质量以及工程成本。各级道路允许采用的最大坡度值的确定是根据汽车的动力特性、道路等级、自然条件及工程和运营情况等因素，通过综合分析，全面考虑来合理确定的。

1. 汽车的动力特性

道路上行驶的汽车类型不同，所具有的汽车动力特性和制动性能不同，其上坡时的爬坡能力和下坡时的制动效能也有所不同。公路最大纵坡的确定是根据道路上行驶的车辆类型及所具有的动力特性确定汽车在规定速度下的爬坡能力和下坡的安全性能。

2. 道路的等级

不同的道路等级要求不同的设计车速，公路等级越高，则要求纵断面的坡度越平缓；相反，等级较低的道路，则可采用较大的纵坡。因此，最大纵坡设计时，必须考虑道路的设计速度作为前提条件。

3. 自然条件因素

公路所经过地区的地形、海拔、气温、降雨等自然因素都会对汽车的行驶条件、爬坡能力产生影响。

《公路路线设计规范》（JTG D20—2017）中最大纵坡的确定是根据大量的调查资料、试验，并通过广泛征求各方意见综合得出结论。不同设计速度对应的最大纵坡规定见表4-1。

表4-1 各级公路最大纵坡

设计速度/（km/h）	120	100	80	60	40	30	20
最大纵坡（%）	3	4	5	6	7	8	9

《公路路线设计规范》（JTG D20—2017）中对于具体的自然条件还做出如下规定：

1）高速公路受地形条件或其他特殊情况限制时，经技术经济论证合理，最大纵坡可增加1%。

2）四级公路位于海拔2000m以上或积雪冰冻地区的路段，最大纵坡不应大于8%。

3）桥上和桥头路线的纵坡：小桥处的纵坡应随路线纵坡设计，各项技术指标应符合路线布设的规定；大、中桥上的纵坡不宜大于4%。隧道部分路线的纵坡：特长及长、中隧道内的最大纵坡应不大于3%，最小纵坡不小于0.3%；独立明洞和短于100m的隧道其纵坡按路线规定执行；隧道内的纵坡可设置成单向坡；地下水发育的隧道及特长和长隧道可用人字坡；在非汽车交通比例较大的路段，可根据具体情况将纵坡适当放缓：平原、微丘区一般不大于2%~3%，山岭、重丘区一般不大于4%~5%。

四、高原纵坡折减

海拔较高地区，汽车发动机功率、汽车驱动力及空气阻力因空气密度下降而降低，最终导致爬坡能力下降。另外，水箱中的水容易沸腾而破坏冷却系统。汽车满载情况下，不同海拔 H 与对应的海拔荷载修正系数 λ 之间的关系见表4-2。

表4-2 满载时 λ 与 H 的关系

海拔 H/m	0	1000	2000	3000	4000	5000
海拔荷载修正系数 λ	1.00	0.89	0.78	0.69	0.61	0.53

根据表 4-2 可知，海拔对 λ 值的影响很大，也就是对纵坡的影响较大。因此，在高原地区行驶的汽车应采用一些措施使汽油充分燃烧，避免因海拔增加而使功率降低较大，同时，在道路纵坡设计时应适当采用较小的坡度。

《公路路线设计规范》（JTG D20—2017）规定：位于海拔 3000m 以上的高原地区，各级公路的最大纵坡值应按表 4-3 规定予以折减。最大纵坡折减后小于 4% 时仍采用 4%。

表 4-3　高原纵坡折减值

海拔/m	3000～4000	4000～5000	>5000
折减值（%）	1	2	3

五、缓和坡段

缓和坡段是指在纵坡长度达到坡长限制时，按规定设置的较小纵坡路段。其目的是恢复在陡坡上降低的速度，也是保证下坡行驶的安全。缓和坡段的纵坡应不大于 3%，其坡长应不小于最短坡长。

缓和坡段位置的选择应结合具体的纵向地形起伏情况，尽量减少填挖方工程数量，同时要考虑与平面线形相配合。一般情况下，缓和坡段应设置在平面直线或半径较大的平曲线上，以充分发挥缓和坡段的作用，提高道路行驶的安全性和舒适性。若因地形困难必须将缓和坡段设置在小半径平曲线上，应适当增加缓和坡段的长度，以使缓和坡段端部的竖曲线位于该小半径平曲线之外。

六、平均纵坡

平均纵坡是指一定长度的路段纵向所克服的高差与路线长之比，是为了合理地运用允许最大纵坡、坡长和缓和坡长的规定，以保证车辆安全顺利行驶的限制性指标。公式如下

$$i_p = \frac{H}{L} \times 100\%$$

式中，H 为相对高差（m）；L 为路线长度（m）。

为保证汽车行驶的舒适性和安全性，同时考虑合理利用最大纵坡、坡长和缓和坡段的规定，平均纵坡应很好地应用。纵坡设计时，保证路线越岭地段总长度的平均纵坡不要过陡，同时避免局部地段使用过大的平均纵坡。

《公路路线设计规范》（JTG D20—2017）规定，二级公路、三级公路、四级公路越岭路线连续上坡（或下坡）路段，相对高差为 200～500m 时平均纵坡应不大于 5.5%；相对高差大于 500m 时平均纵坡应不大于 5%。任意连续 3km 路段的平均纵坡宜不大于 5.5%。

七、合成坡度

合成坡度是指由路线纵坡与弯道超高横坡或路拱横坡组成的坡度，其方向为流水线方向。如图 4-2 所示，计算公式为

$$I = \sqrt{i_z^2 + i_h^2}$$

式中，I 为合成坡度；i_z 为路线纵坡坡度；i_h 为超高横坡度或路拱横坡度。

公式推导：

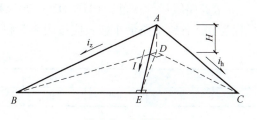

图 4-2　合成坡度

$$i_z = \frac{H}{BD}, i_h = \frac{H}{DC}, I = \frac{H}{DE}$$

$$BC = BE + EC = \sqrt{BD^2 + DC^2}$$

$$\triangle BDE \sim \triangle BCD \Rightarrow \frac{BD}{DE} = \frac{BC}{DC} = \frac{\sqrt{BD^2 + DC^2}}{DC}$$

$$DE = \frac{BD \cdot DC}{\sqrt{BD^2 + DC^2}}$$

$$DE^2 = \frac{BD^2 \cdot DC^2}{BD^2 + DC^2} = \frac{H^2}{I^2}$$

$$I^2 = \frac{H^2}{DE^2} = \frac{H^2 \cdot (BD^2 + DC^2)}{BD^2 \cdot DC^2} = \frac{H^2}{DC^2} + \frac{H^2}{BD^2} = i_h^2 + i_z^2$$

$$I = \sqrt{i_h^2 + i_z^2}$$

汽车在有超高的坡道上行驶时，不仅受坡度阻力的影响还受离心力的影响。若坡度大而平曲线半径小时，由于离心力造成货物偏重，给汽车行驶带来危险。所以，当弯道与坡道组合时，为了防止汽车向合成坡度方向倾斜、滑移，应将超高横坡与纵坡的组合控制在适当的范围内。

对于公路最大合成坡度值的规定具体可见表4-4。

表 4-4　公路最大合成坡度

公路 等 级	高速公路、一级公路				二级公路、三级公路、四级公路				
设计速度/(km/h)	120	100	80	60	80	60	40	30	20
合成坡度值（%）	10.0	10.0	10.5	10.5	9.0	9.5	10.0	10.0	10.0

当陡坡与小半径圆曲线相重叠时，宜采用较小的合成坡度。特别是下列情况，其合成坡度必须小于8%。

1) 冬季路面有积雪、结冰的地区。
2) 自然横坡较陡峻的傍山路段。
3) 非汽车交通量较大的路段。

在超高过渡的变化处，合成坡度不应设计为0。当合成坡度小于0.5%时，应采取综合排水措施，保证路面排水畅通。

八、坡长限制

坡长是指同一纵断面上相邻两个变坡点之间的长度。坡长限制主要是针对较陡纵坡的最大长度和一般纵坡的长度加以约束。

1. 最小坡长限制

汽车行驶过程中，若纵断面上变坡点较多，会使汽车行驶过于频繁颠簸，车速越快表现越突出。最小坡长的限制主要是从汽车行驶的平顺性的要求考虑，相邻两个变坡点之间的距离不宜过短，最短应不小于相邻竖曲线的切线长，以便插入适当的竖曲线缓和转折点。因此，从汽车行驶的平顺性、安全性、舒适性等角度考虑，纵坡坡长不宜过短。

《公路路线设计规范》（JTG D20—2017），最小坡长通常以汽车设计速度行驶 9~15s 的行程为宜。各级道路最小坡长应按表 4-5 和表 4-6 进行选用。

表 4-5 各级公路最小坡长

设计速度/(km/h)	120	100	80	60	40	30	20
最小坡长/m	300	250	200	150	120	100	60

表 4-6 城市道路机动车道最小坡长

设计速度/(km/h)	100	80	60	50	40	30	20
坡段最小长度/m	250	200	150	130	110	85	60

2. 最大坡长限制

所谓最大坡长是指控制汽车在坡道上行驶，当车速下降到最低允许速度时所行驶的距离。道路纵坡的大小及其坡长对汽车正常行驶影响很大，纵坡越陡，坡长越长，对行车影响也越大。坡长太短对行车不利，而长距离的行驶对行车也不利，主要表现在以下几个方面：使行车速度显著下降，甚至要换较低排档克服坡度阻力；长时间低档行驶易使水箱"开锅"，导致汽车爬坡无力，甚至熄火；坡长过长时下坡行驶制动频繁，易使制动器发热而失效，甚至造成车祸。

《公路路线设计规范》（JTG D20—2017）规定，各级公路不同纵坡的最大坡长见表 4-7。

表 4-7 各级公路不同纵坡的最大坡长限制　　　　　　　　　（单位：m）

	设计速度/(km/h)	120	100	80	60	40	30	20
纵坡坡度（%）	3	900	1000	1100	1200	—	—	—
	4	700	800	900	1000	1100	1100	1200
	5	—	600	700	800	900	900	1000
	6	—	—	500	600	700	700	800
	7	—	—	—	—	500	500	600
	8	—	—	—	—	300	300	400
	9	—	—	—	—	—	200	300
	10	—	—	—	—	—	—	200

任务二　纵断面设计

一、纵断面设计要点

纵断面设计的主要内容是根据道路等级、沿线自然条件和构造物控制高程等，确定路线合适的高程、各路段的纵坡度和坡长，并设计竖曲线。基本要求是纵坡均匀平顺、起伏和缓、坡长和竖曲线长短适当、平面与纵面组合设计协调以及填挖经济、平衡。

1. 纵面线形设计一般规定

1）纵面线形应平顺、圆滑、视觉连续，并与地形相适应，与周围环境相协调。

2）纵坡设计应考虑填挖平衡，并利用挖方就近作为填方，以减轻对自然地面横坡与环境的影响。

3)相邻纵坡的代数差小时,应采用大的竖曲线半径。

4)连续上坡路段的纵坡设计,除上坡方向应符合平均纵坡、不同纵坡最大坡长规定的技术指标外,还应考虑下坡方向的行驶安全。凡个别指标接近或达到最大值的路段,应结合前后路段各技术指标设置情况,采用运行速度对连续上坡方向的通行能力与下坡方向的行车安全进行检验。

5)路线交叉处前后的纵坡应平缓。

6)位于积雪或冰冻地区的公路,应避免采用陡坡。

2. 纵坡值的运用

1)各级公路应避免采用最大纵坡值和不同纵坡最大坡长值,只有在为争取高度利用有利地形或避开工程艰巨地段等不得已时,方可采用。

2)纵坡以平、缓为宜,但最小纵坡不宜小于0.3%。采用平坡或小于0.3%的纵坡路段,应做专门的排水设计。

3. 纵坡设计要求

1)平原地形的纵坡应均匀、平缓。

2)丘陵地形的纵坡应避免过分迁就地形而起伏过大。

3)越岭线的纵坡应力求均匀,不应采用最大值或接近最大值的坡度,更不宜连续采用不同纵坡最大坡长值的陡坡夹短距离缓坡的纵坡线形。

4)山脊线和山腰线,除结合地形不得已时采用较大的纵坡外,在可能条件下应采用平缓的纵坡。

4. 竖曲线设计要求

1)设计速度大于或等于60km/h的公路,竖曲线设计宜采用长的竖曲线和长直线坡段的组合。有条件时宜采用大于或等于表4-8所列视觉所需要的竖曲线半径值。

表4-8 视觉所需要的最小竖曲线半径值

设计速度/(km/h)	竖曲线半径/m	
	凸形	凹形
120	20000	12000
100	16000	10000
80	12000	8000
60	9000	6000

2)竖曲线应选择用较大的半径。当条件受限制时,宜采用等于或接近于竖曲线最小半径的"一般值",地形条件特殊困难而不得已时,方可采用竖曲线最小半径的"极限值",见表4-9。

表4-9 公路竖曲线最小半径和竖曲线长度

设计速度/(km/h)		120	100	80	60	40	30	20
凸形竖曲线半径/m	一般值	17000	10000	4500	2000	700	400	200
	极限值	11000	6500	3000	1400	450	250	100
凹形竖曲线半径/m	一般值	6000	4500	3000	1500	700	400	200
	极限值	4000	3000	2000	1000	450	250	100

（续）

设计速度/(km/h)		120	100	80	60	40	30	20
竖曲线长度/m	一般值	250	210	170	120	90	60	50
	极限值	100	85	70	50	35	25	20

注：表中所列"一般值"为正常情况下的采用值；"极限值"为条件受限制时，经技术经济论证后的采用值。

3）同向竖曲线间，特别是同向凹形竖曲线之间，如直线坡段接近或达到最小坡长时，宜合并设置为单曲线图或复曲线。

5. 相邻竖曲线的衔接

1）相邻两个同向凹形或凸形竖曲线，特别是同向凹形竖曲线之间，如直坡段不长应合并为单曲线或复曲线，避免出现断背曲线，这样要求对行车是有利的，如图4-3所示。

2）相邻两个反向竖曲线之间，为使增重与减重之间能够缓和过渡，中间最好插入一段直线坡段。若两竖曲线半径接近极限值，则直坡段的长度应为计算行车速度3s的行程。当半径比较大时，也可直接连接，如图4-4所示。

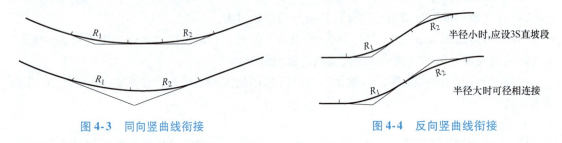

图4-3 同向竖曲线衔接　　　　　　图4-4 反向竖曲线衔接

二、纵断面设计步骤及注意问题

1. 纵断面设计步骤

（1）准备工作　设计人员应收集并调查相关资料，领会设计意图。纵坡设计前，应在厘米纸上根据中桩和水准记录，按比例标注里程桩号和高程，点绘地面线，填写土壤地质说明资料等有关内容。

（2）标注控制点　控制点是指影响路线纵坡设计的高程控制点。控制点分为两类，一类是属于控制性的"控制点"，控制路线纵坡设计时必须通过它或限制从其上方或下方通过。这类控制点包括路线起点和终点、越岭垭口、重要桥涵、地质不良地段的最小填土高度、最大挖深、沿溪线的设计洪水位、隧道进出口、平面交叉和立体交叉点、铁路道口、城镇规划控制高程以及受其他因素必须通过的高程控制点等内容。第二类是属于参考性的"控制点"，称为经济点。对于山岭重丘区的公路，除应标出控制性的"控制点"以外，还应考虑各横断面上横向填挖基本平衡的经济点，以降低工程造价。

（3）试坡　试坡是在已标出控制点、经济点的纵断面图上，根据技术指标、选线意图，结合地面起伏变化，以控制点为依据，照顾多数经济点的原则，在这些点位间进行穿插和取直，试定出若干坡度线。经过各种可能的坡度线方案进行反复比较，最后选出既符合技术标准，又能满足控制点要求，而且土石方数量较省的设计线作为初定坡度线，再将前后坡度线延长交会，即可定出各变坡点的初步位置。

（4）调整 试定纵坡后，将所定的坡度与选（定）线时考虑的坡度进行比较，两者应基本符合。若存在较大差异，则应全面分析，找出原因，权衡利弊。其次对照技术标准检查设计的最大纵坡、合成坡度、坡长限制等是否超过规定限值，以及平面线形与纵面线形的配合是否适宜等。若发现问题，及时调整。调整坡度线的方法有抬高、降低、延长、缩短纵坡线和加大纵坡度、减小纵坡度等。调整时应遵循少脱离控制点、少变动填挖原则，以便调整后的纵坡与试定纵坡基本相符。

（5）核对 选择有控制要求的重点横断面，如高填深挖、地面横坡较陡的路基、挡土墙、重要桥涵以及其他重要控制点等，在纵断面图上直接读出对应桩号的填、挖高度，用模板在横断面图上"戴帽"，检查是否挖填过大、坡脚落空或过远、挡土墙工程过大、桥梁过高或过低、涵洞过长等情况，若有问题应及时调整纵坡。核对工作对横坡陡峻路段尤显重要。

（6）定坡 纵坡设计调整核对无误后，逐段把直坡线的坡度值、变坡点桩号和高程确定下来。变坡点一般要求要调整到10m的整桩号上，相邻变坡点桩号之差为坡长。变坡点高程是由纵坡度和坡长依次推算而得到的。

（7）设置竖曲线 根据拉坡时已初步考虑的平、纵组合线形情况，按照技术标准、平纵组合均衡等确定竖曲线半径，计算竖曲线要素。

（8）高程计算 根据已定的纵坡和变坡点的设计高程及竖曲线半径，即可计算出各桩号的设计高程。中桩设计高程与对应原地面高程之差即为路基施工高度，当两者之差为"+"，则是填方；两者之差为"−"，则是挖方。

2. 设计纵坡时应注意的问题

1）设置回头曲线地段，拉坡时应按回头曲线技术标准先定出该地段的纵坡，然后从两端接坡，应注意在回头曲线地段下宜设竖曲线。

2）大、中桥上不宜设置竖曲线（特别是凹形竖曲线），桥头两端竖曲线的起、终点应设在桥头10m以外。但特殊大桥为保证纵向排水，可在桥上设置凸形竖曲线，如图4-5所示。

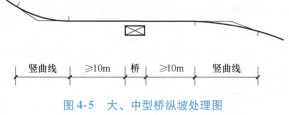

图4-5 大、中型桥纵坡处理图

3）小桥涵允许设在斜坡地段或竖曲线上，力求保证行车平顺，应尽量避免在小桥涵处出现"驼峰式"纵坡，如图4-6所示。

4）注意平面交叉口纵坡及两端接线要求。道路与道路交叉时，一般宜设在水平坡段，其长度应不小于最短坡长规定。两端接线纵坡应不大于3%，山区工程艰巨地段不大于5%。

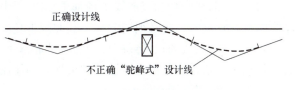

图4-6 小桥涵纵坡处理图

5）拉坡时如受"控制点"或"经济点"制约，导致纵坡起伏过大，或土石方工程量太大，经调整仍难以解决时，可用纸上移线的方法修改原定纵坡线。具体方法是按理想要求定出新的纵坡设计线，然后找出对应新设计线的填、挖高度，用"模板"在横断面上以新填、挖高度左右移动，定出适宜的中线位置，该点距原路中线的横距就是按新纵坡设计要求希望平面线形调整移动的距离，据此可做出纸上平面移线,若为实地定线还应到现场改线。这种移线修正纵面线形的方法,在山区和丘陵区道路的纵坡设计中是常遇到的。

三、平纵组合原则

1. 平、纵线形组合设计原则

道路的线形状况是指道路的平面和纵断面所组成的立体形状。线形设计首先从路线规划开始,然后按照选线、平面线形设计、纵断面线形设计和平纵线形组合设计的过程进行,最终展现在驾驶员面前的平、纵、横三者组合的立体线形,特别是平、纵线形的组合对立体线形的优劣起着至关重要的作用。

平、纵线形组合设计是指在满足汽车动力学和力学要求的前提下,研究如何满足视觉和心理方面的连续、舒适,与周围环境的协调和良好的排水条件。特别在高等级公路的设计中必须注重平、纵线形的合理组合。

平面与纵断面组合应遵循如下设计原则:

1)应能在视觉上自然地诱导驾驶员的视线,并保持视觉的连续性。

2)平面与纵断面线形的技术指标应大小均衡,不要悬殊太大,它不仅影响线形的平顺性,而且与工程费用密切相关,任何单一提高某方面的技术指标都是毫无意义的。

3)选择组合得当的合成坡度,以利于路面排水和安全行车。

4)应注意线形与自然环境和景观的配合与协调,以减轻驾驶员的疲劳和紧张程度。特别是在路堑地段,要注意路堑边坡的美化设计。

2. 组合方式

(1)平曲线与竖曲线组合 平竖曲线一一对应,最好使竖曲线的起终点分别放在平曲线的两个缓和曲线内,平曲线比竖曲线稍长,通常简称"平包竖"。这是平、纵组合设计的基本原则。

1)平曲线和竖曲线两者在一般情况下应相互重合,且平曲线应稍长于竖曲线,宜将竖曲线的起终点,放在平曲线的缓和段内;这种立体线形不仅能起到诱导视线的作用,而且可取得平顺和流畅的效果。

2)平曲线与竖曲线大小应保持均衡,其中一方大而平缓时,另一方切忌不能形成多而小。平、竖曲线几何要素要大体平衡、匀称、协调,不要把过缓与过急、过长与过短的平曲线和竖曲线组合在一起。

3)当平曲线半径和竖曲线半径都很小时,则会出现一些不良的组合效果,平曲线和竖曲线两者不宜重叠,或必须增大平、竖曲线半径。

4)凸形竖曲线的顶部或凹形竖曲线的底部不得插入小半径的平曲线,也不得与反向平曲线拐点相重合,以免失去引导驾驶员视线的作用,使驾驶员操作失误,引起交通事故。

(2)平面直线与纵断面组合

1)平面的长直线与纵面直坡段相配合,对双车道公路能提供超车方便,在平坦地区易与地形相适应,但行车单调,驾驶员易疲劳。

2)从美学的观点上,平面的直线与一个大半径的凸形竖曲线配合为好,与一个凹形竖曲线相配合次之。

3)在直线中较短距离内两次以上的变坡会形成反复凹凸的"驼峰"和"凹陷",使线形视觉效果既不美观也不连续。因此，只要路线有起有伏，就不要采用长直线，最好使平面路线形随纵坡的变化略加转折，并把平、竖曲线合理地组合。尽量避免驾驶员一眼能看到路线方向转折两次以上或纵坡起伏三次以上。

3. 平、竖曲线应避免的组合

对于平、竖曲线的组合设计能够满足上述要求是最好的，但有时往往受各种条件的限制难以满足，这时应避免如下组合的出现：

1）要避免使凸形竖曲线的顶部或凹形竖曲线的底部与反向平曲线的拐点重合。二者都存在不同程度的扭曲外观；前者会使驾驶员操作失误，引起交通事故；后者虽无视线诱导问题，但路面排水困难，易产生积水。

2）小半径竖曲线不宜与缓和曲线相重叠。对凸形竖曲线诱导性差，事故率较高；对凹形竖曲线路面排水不良。

3）计算行车速度≥40km/h的道路，应避免在凸形竖曲线顶部或凹形竖曲线底部插入小半径的平曲线。前者失去诱导视线的作用，驾驶员须接近坡顶才发现平曲线，导致不必要的减速或交通事故；后者会出现汽车高速行驶时急转弯，行车极不安全。

平、竖曲线的最佳组合是竖曲线的起终点都位于回旋线内，其中任一点都不在回旋线以外的直线上，也不位于圆曲线内。由图4-7可知平、竖曲线组合不当、组合得当的情况。

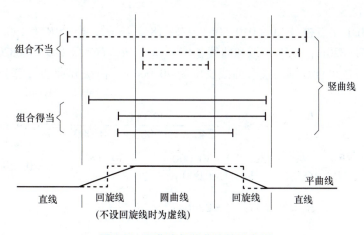

图4-7 平曲线与竖曲线的组合图

任务三 纵断面设计成果

1. 纵断面图绘制比例尺

纵断面的水平比例尺一般应与平面图一致，一般为1∶2000，垂直比例尺相应地用1∶200，对于高速公路而言，其水平比例尺也可用1∶1000，垂直比例尺相应为1∶100。

2. 纵断面图绘制

纵断面图由上、下两部分组成。上部分主要用来绘制地面线和纵坡设计线，另外，还包括标注竖曲线及其要素，坡度及坡长（有时标注在下部），沿线桥涵及人工构造物的位置、结构类型、孔数和孔径，沿线跨越的河流名称、桩号、常水位和最高洪水位，水准点位置、编号和高程。下部分主要用来填写有关内容，自下而上分别填写：直线及平曲线，里程桩号，地面高程，设计高程，填、挖高度。

此外，根据现场实际情况，设计人员应将下列内容绘制在相应位置：竖曲线及其要素；设计排水沟的布置及长度、坡度、流水方向；沿线桥涵及人工构造物的位置、结构类型、孔径；与公路、铁路交叉的桩号及路名；沿线跨越的河流名称、位置，现有水位和设计洪水位；水准点的位置、编号和高程；断链桩位置、桩号及长短链关系。

将图、表绘制填写完后，形成公路纵断面图，图4-8为路线纵断面图，表4-10为纵坡及竖曲线表，表4-11为直线、曲线及转角表。

表4-10中桩号为K0+000.000和K0+250.000的变坡点，高程分别为209.809m和205.184m，坡长为250.000m，相邻两个纵坡的坡度分别为-1.850%和0.300%，半径为6000.000m，则坡差为0.300%-(-1.850%)=2.150%，通过坡差可以判断竖曲线为凹形竖曲线，曲线长$L = R\omega = 6000.000\text{m} \times 2.150\% = 129.000\text{m}$，切线长$T = L/2 = 129.000\text{m}/2 = 64.500\text{m}$，外距$E = T^2/2R = (64.500^2/2 \times 6000.000)\text{m} = 0.347\text{m}$

$$\text{起点桩号} = K0 + (250.000 - 64.500) = K0 + 185.500$$
$$\text{终点桩号} = K0 + (250.000 + 64.500) = K0 + 314.500$$
$$\text{直坡段长度} = K0 + 185.500 - (K0 + 000.000) = 185.500\text{m}$$

其余数据依次类推。

表4-11中JD1交点桩号K0+040.606，右转18°3′43.7″，半径R为150.000m，第一缓和曲线参数为67.0820m，则第一缓和曲线长度$L_1 = A^2/R = (67.0820 \times 67.0820/150.000)\text{m} = 30.000\text{m}$，同样方法可计算第二缓和曲线长度为30.000m。由缓和曲线计算公式可获得几何元素分别为

$$q = \frac{L_s}{2} - \frac{L_s^3}{240R^2} = \frac{30.000}{2}\text{m} - \frac{30.000^3}{240 \times 150.000 \times 150.000}\text{m} = 14.995\text{m}$$

$$p = \frac{L_s^2}{24R} - \frac{L_s^4}{2688R^3} = \frac{30.000 \times 30.000}{24 \times 150.000}\text{m} - \frac{30.000^4}{2688 \times 150.000^3}\text{m} = 0.25\text{m}$$

$$\beta_0 = 28.6479 \frac{L_s}{R} = 28.6479 \times \frac{30.000}{150.000} = 5.73°$$

$$T = (R+p)\tan\frac{\alpha}{2} + q = (150.000 + 0.25)\text{m} \times \tan\frac{18°3′43.7″}{2} + 14.995\text{m} = 38.876\text{m}$$

$$L = \frac{\pi}{180°}\alpha R + L_s = \frac{\pi}{180°} \times 18°3′43.7″ \times 150.000\text{m} + 30.000\text{m} = 77.287\text{m}$$

$$E = (R+p)\sec\frac{\alpha}{2} - R = (150.000 + 0.25)\text{m} \times \sec\frac{18°3′43.7″}{2} - 150.000\text{m} = 2.136\text{m}$$

$$J = 2T - L = 2 \times 38.876\text{m} - 77.287\text{m} = 0.465\text{m}$$

第一缓和曲线的起点 ZH = 交点桩号 $-T$ = K0 + (040.606 - 38.876) = K0 + 001.730
第一缓和曲线的终点 HY = ZH桩号 + L_s = K0 + (001.730 + 30.000) = K0 + 031.730
曲线终点 QZ 桩号 = 交点桩号 $- J/2$ = K0 + (040.606 - 0.465/2) = k0 + 40.373
第二缓和曲线的终点 HZ = ZH桩号 + L = K0 + (001.730 + 77.287) = K0 + 079.017
第二缓和曲线的起点 YH = HZ桩号 $- L_s$ = K0 + (079.017 - 30.000) = K0 + 049.017

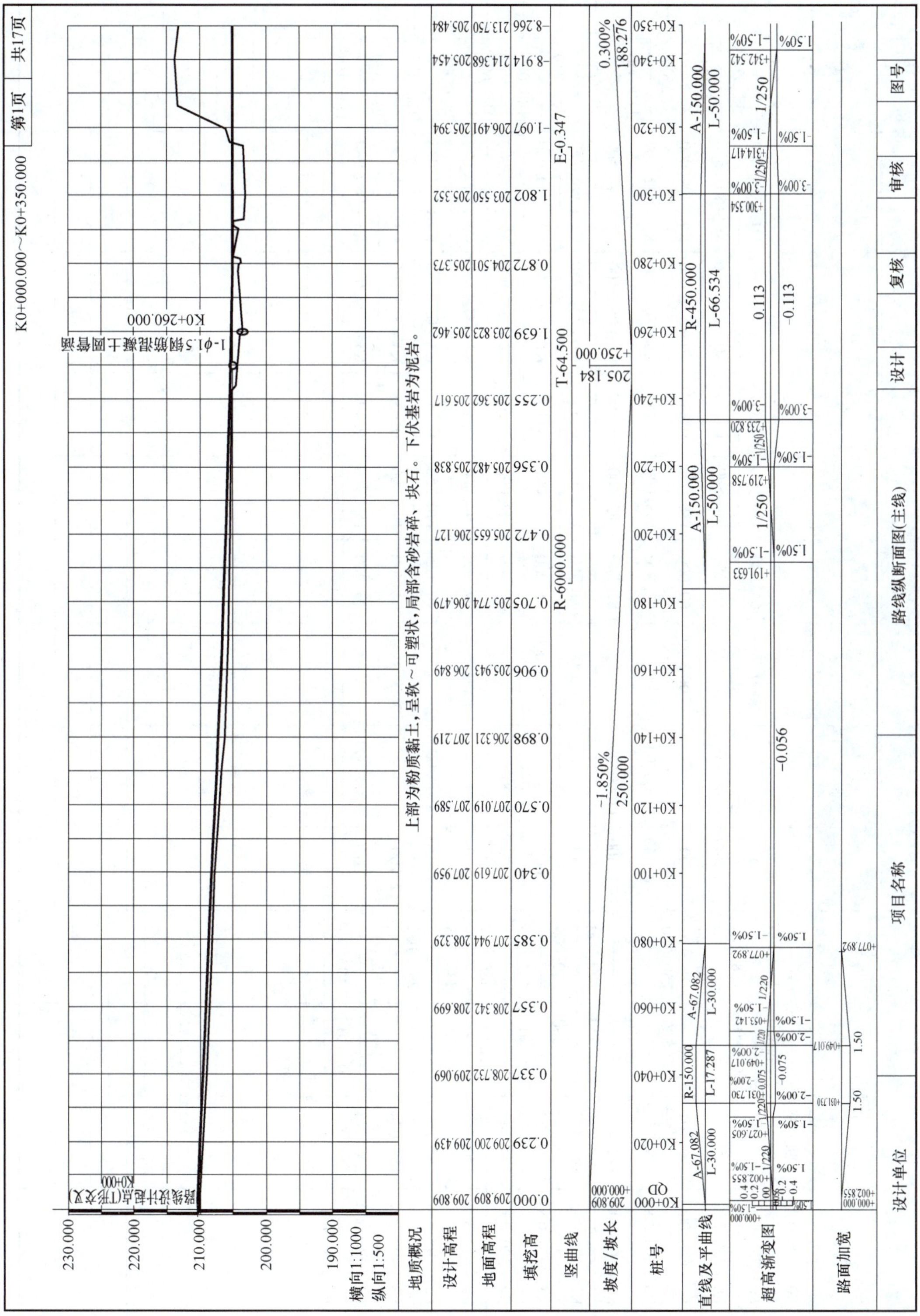

图 4-8　路线纵断面（单位：m）

表 4-10 纵坡及竖曲线表

序号	变坡点桩号	高程/m	纵坡(%)	坡长/m	坡差(%)	半径(凸)/m	半径(凹)/m	T/m	L/m	E/m	竖曲线要素及曲线位置 起点	终点	直坡段长/m	备注
1	K0+000.000	209.809	-1.850	250.000									185.500	
2	K0+250.000	205.184	0.300	188.276	2.150		6000.000	64.500	129.000	0.347	K0+185.500	K0+314.500	58.526	
3	K0+438.276	205.749	-2.600	201.724	-2.900	4500.000		65.250	130.500	0.473	K0+373.026	K0+503.526	67.474	
4	K0+640.000	200.504	-0.300	250.000	2.300		6000.000	69.000	138.000	0.397	K0+571.000	K0+709.000	98.500	
5	K0+890.000	199.754	-0.850	275.000	-0.550	30000.000		82.500	165.000	0.113	K0+807.500	K0+972.500	110.000	
6	K1+165.000	197.417	-2.350	260.000	-1.500	11000.000		82.500	165.000	0.309	K1+082.500	K1+247.500	105.750	
7	K1+425.000	191.307	-0.300	510.000	2.050		7000.000	71.750	143.500	0.368	K1+353.250	K1+496.750	363.250	
8	K1+935.000	189.777	0.300	355.000	0.600		25000.000	75.000	150.000	0.112	K1+860.000	K2+010.000	184.000	
9	K2+290.000	190.842	-2.900	382.692	-3.200	6000.000		96.000	192.000	0.768	K2+194.000	K2+386.000	189.692	
10	K2+672.692	179.743	1.950	430.206	4.850		4000.000	97.000	194.000	1.176	K2+575.692	K2+769.692	263.081	
11	K3+102.898	188.132	0.300	297.102	-1.650	8500.000		70.125	140.250	0.289	K3+032.773	K3+173.023	132.477	
12	K3+400.000	189.024	3.000	385.000	2.700		7000.000	94.500	189.000	0.638	K3+305.500	K3+494.500	214.520	
13	K3+785.000	200.574	0.380	1195.000	-2.620	5800.000		75.980	151.960	0.498	K3+709.020	K3+860.980	1119.020	
14	K4+980.000	205.115												

表 4-11 直线、曲线及转角表

交点号	交点坐标 X	交点坐标 Y	交点桩号	转角值 左转	转角值 右转	曲线要素值/m 半径 R	第一缓和曲线参数 A_1	第一缓和曲线长度 L_1	第二缓和曲线参数 A_2	第二缓和曲线长度 L_2	第一切线长度 T_1	第二切线长度 T_2	曲线长度 L	外矢距 E	曲线位置 第一缓和曲线起点 ZH	第一缓和曲线终点 HY (ZY)	曲线中点 QZ	第二缓和曲线起点 YH (YZ)	第二缓和曲线终点 HZ	直线长度及方向 直线长度/m	交点间距/m	计算方位角	备注
00	396695.229	505478.394	K0+000.000																	1.730			
JD1	396663.000	505453.693	K0+040.606		18°3′43.7″	150.000	67.0820	30.000	67.0820	30.000	38.876	38.876	77.287	2.136	K0+001.730	K0+031.730	K0+040.373	K0+049.017	K0+079.017	104.803	40.606	217°28′04.7″	
JD2	396434.354	505266.300	K0+267.442		14°50′15.2″	450.000	150.0000	50.000	150.0000	50.000	83.622	83.622	166.534	4.032	K0+183.820	K0+233.820	K0+267.087	K0+300.354	K0+350.354	169.625	227.301	235°31′48.4″	
JD3	396310.180	504918.204	K0+636.312	15°25′53.7″		600.000	204.9390	70.000	204.9390	70.000	116.334	116.334	231.599	5.825	K0+519.978	K0+589.978	K0+635.778	K0+681.578	K0+751.578	567.102	369.581	250°22′03.4″	
JD4	395863.838	504282.274	K1+412.179	25°41′49.4″		300.000	122.4745	50.000	122.4745	50.000	93.499	93.499	184.549	8.061	K1+318.680	K1+368.680	K1+410.955	K1+453.230	K1+503.230	327.651	776.935	234°56′09.7″	
JD5	395341.075	503989.644	K2+008.825		53°58′27.8″	300.000	122.4745	50.000	122.4745	50.000	177.944	177.944	332.609	37.049	K1+830.881	K1+880.881	K1+997.186	K2+113.490	K2+163.490	611.949	599.095	209°14′20.3″	
ZD6	395247.731	503205.286	K2+775.439	53°58′27.8″																743.137	789.893	263°12′48.1″	转折点
JD7	394432.004	502748.663	K3+710.273		67°18′15.6″	250.000	111.8034	50.000	111.8034	50.000	191.697	191.697	343.670	50.831	K3+518.576	K3+568.576	K3+690.412	K3+812.247	K3+862.247	1117.753	934.834	209°14′20.3″	
ZD	394581.221	501447.743	K4+980.000																		1309.450	276°32′35.9″	

项目五

公路横断面设计

任务一 横断面线形组成及分析

一、路基横断面组成

1. 路基横断面形式

高速公路、一级公路的路基横断面分为整体式和分离式两类,如图 5-1 所示。整体式断面包括行车道、中间带(中央分隔带及左侧路缘带)、路肩(硬路肩及土路肩)以及紧急停车带、爬坡车道、加(减)速车道等组成部分,如图 5-2 所示;分离式断面包括行车道、路肩(硬路肩及土路肩)以及紧急停车带、爬坡车道、加(减)速车道等组成部分。分离式断面是一种将上、下行车道放在不同平面上,中间带随地形变化的断面形式,如图 5-3 和图 5-4 所示。

图 5-1 整体式、分离式的高速公路

二级公路、三级公路、四级公路的路基横断面包括车道、路肩以及错车道等。二级公路位于中小城市城乡接合部、混合交通量大的连接线路段,实行快、慢车道分离,可根据当地经验设置慢车道或加宽右侧硬路肩,如图 5-5 所示。

2. 一般概念

(1)行车道 行车道是指供各种车辆纵向排列、安全顺适地行驶的公路带状部分。行

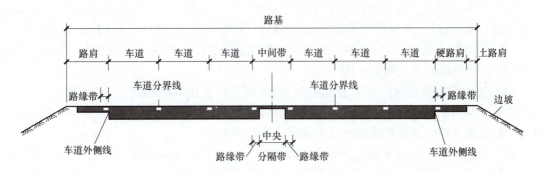

图 5-2 高速公路、一级公路一般整体式断面形式

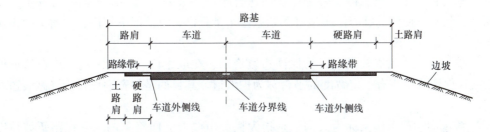

图 5-3 高速公路、一级公路一般分离式断面形式（右幅断面）

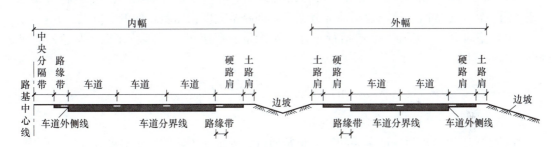

图 5-4 高速公路分离复合式断面形式（右幅断面）

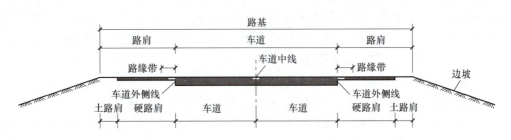

图 5-5 二级公路、三级公路、四级公路一般路基断面形式

车道中的车道只包括行车车道和超车车道，而不包括其他起特殊作用的陡坡车道、变速车道等，由于它们的功能和作用不同，未计入行车道当中，所以我国的行车道是车道数乘以车道宽度。

（2）路肩　路肩是指位于行车道外缘至路基边缘，具有一定宽度的带状部分（包括硬路肩与保护性路肩），为保持行车道的功能和临时停车使用，并作为路面的横向支承。

（3）中间带　公路中间带由中央分隔带和路缘带组成，分隔带以路缘石等设施分界，在构造上起到分隔往返交通的作用。

（4）边沟　边沟是指设置在挖方路基路肩外侧及低填方路基地脚外侧的纵向人工沟渠，用以收集公路路面的地面水，排除路基拦截道路上方边坡的坡面水，迅速汇集并把它们引入顺畅的排水通道中，通过桥涵等将其泄放到道路的下方。

（5）爬坡车道　爬坡车道是指设置在上坡路段，供慢速上坡车辆行驶专用的车道。在连续陡坡路段，在既有车道外侧，为车速降低过多的载重车行驶而增设，用以维持一般车辆的正常车速，提高交通安全和通行能力。

（6）紧急停车带　紧急停车带是指在高速公路和一级公路上，供车辆临时发生故障或其他原因紧急停车使用的临时停车地带。紧急停车带只供紧急情况下使用，不得无故占用紧急停车带。

（7）护坡道　当路堤较高时，为保证边坡稳定，在取土坑与坡脚之间，或在边坡坡面上，沿线向保留或筑成有一定宽度的平台称为护坡道。其目的是加宽边坡横距，减缓边坡平均坡度。

（8）截水沟　截水沟又称为天沟，是指为拦截山坡上流向路基的水，在路堑坡顶以外设置的水沟拦截水流。

（9）路基宽度　路宽度是指行车道与路肩宽度之和。若设置紧急停车带、爬坡车道、变速车道、错车道等时，还应包括此部分宽度。即路基宽度指路基顶面的总宽度。

（10）路面宽度　路面宽度包括行车道、路缘带、变速车道、爬坡车道、紧急停车带、硬路肩等的宽度。

二、道路建筑限界

1. 概念

道路建筑限界是指为保证车辆和行人正常通行，规定在道路的一定宽度和高度范围内不允许有任何设施及障碍物侵入的空间范围。道路建筑限界是保证车辆安全通行的最小空间要求。如图 5-6 所示为建筑限界示意图。

道路的横断面设计时，应充分研究组成路幅要素的相互关系及道路的各种设施的设置规划，在有限空间内做出合理的安排。不允许桥台、桥墩及照明、护栏、信号机、道路标志牌、行道树、电杆等设施侵入建筑限界以内。

2. 公路净空高度应符合下列规定

1）根据公路在路网中的地位与位置，同一公路应采用相同的净空高度。

2）三级公路、四级公路的路面采用沥青贯入、沥青碎石、沥青表面处治或砂石路面时，净空高度宜预留 20cm。

3）中央分隔带或路肩上设置桥梁墩台、标志立柱时，其前缘除不得侵入公路建筑限界外，还不得紧贴建筑物设置，应留有护栏缓冲变形的余宽。

4）凹形竖曲线上方设有跨线构造物时，其净高应满足铰接列车有效净高的要求，如图 5-7 所示。

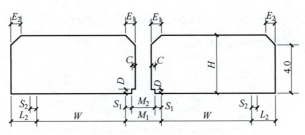

高速公路、一级公路(整体式)

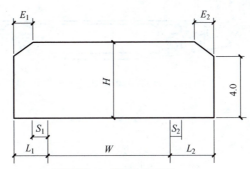

高速公路、一级公路(分离式)

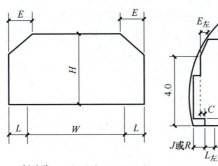   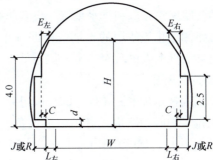

二级公路、三级公路、四级公路　　　　公路隧道

图 5-6　建筑限界示意图

W——行车道宽度；L_1——左侧硬路肩宽度；L_2——右侧硬路肩宽度；

S_1——左侧路缘带宽度；S_2——右侧路缘带宽度；

L——侧向宽度，二级公路的侧向宽度为硬路肩宽度；三级公路、四级公路的侧向宽度为路肩宽度减去 0.25m，设置护栏时，应根据护栏需要的宽度加宽路基；

$L_左$——隧道内左侧侧向宽度；$L_右$——隧道内右侧侧向宽度；

C——当设计速度大于 100km/h 时为 0.5m，等于或小于 100km/h 时为 0.25m；

D——路缘石宽度，小于或等于 0.25m，一般情况下，高速公路可不设路缘石；

M_1——中间宽度；M_2——中央分隔带宽度；

J——检修道宽度；d——检修道或人行道高度；R——人行道宽度；

E——建筑限界顶角宽度，当 $L \leqslant 1\text{m}$ 时，$E = L$，当 $L > 1\text{m}$ 时，$E = 1\text{m}$；

E_1——建筑限界左顶角宽度，当 $L_1 < 1\text{m}$ 时，$E_1 = L_1$，或 $S_1 + C < 1\text{m}$ 时，$E_1 = S_1 + C$；当 $L_1 \geqslant 1\text{m}$ 或 $S_1 + C \geqslant 1\text{m}$ 时，$E_1 = 1\text{m}$；

E_2——建筑限界右顶角宽度，$E_2 = 1\text{m}$；

$E_左$——公路隧道建筑限界左顶角宽度，当 $L_左 \leqslant 1\text{m}$ 时，$E_左 = L_左$，当 $L_左 > 1\text{m}$ 时，$E_左 = 1\text{m}$；

$E_右$——公路隧道建筑限界右顶角宽度，当 $L_右 \leqslant 1\text{m}$ 时，$E_右 = L_右$，当 $L_右 > 1\text{m}$ 时，$E_右 = 1\text{m}$；

H——净空高度。

5）公路下穿宽度较宽或斜交角度较大的跨线构造物时，其路面距跨线构造物下缘任一点的净高均应符合相应净空高度的规定。

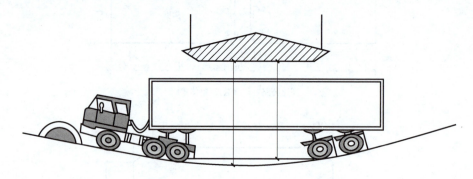

图 5-7　凹形竖曲线上方有效净空高度

三、公路用地范围

1. 定义

公路用地是指公路两侧边沟（或者截水沟）及边沟（或者截水沟）以外不少于 1m 范围内的土地，供公路修筑路基和排水系统，设置防护设施和服务设施，以及供公路修筑和养护取土、弃土、路侧绿化等使用的土地。根据《中华人民共和国公路法》的规定，公路用地的具体范围由县级以上人民政府确定，但最低不少于 1m。

2. 公路用地范围划分

根据《公路工程技术标准》（JTG B01—2014）规定，公路用地范围为公路路堤两侧排水沟外边缘（无排水沟时为路堤或者护坡道坡角）以外，或路堑坡顶截水沟外边缘（无截水沟为坡顶）以外不小于 1m 范围内的土地；在有条件的地段，高速公路、一级公路不小于 3m，二级公路不小于 2m 范围内的土地为公路用地范围。

在风沙、雪害、滑坡、泥石流等不良地质地带设置防护、整治设施时，以及在膨胀土、盐渍土等特殊土地带采取处治措施时，应根据实际需要确定用地范围。

桥梁、隧道、互通式立体交叉、分离式立体交叉、平面交叉、交通安全设施、服务设施、管理设施、绿化以及其他线外工程等用地，应根据实际需要确定用地范围。

> **知识拓展**
>
> 城市道路横断面由行车道、人行道、绿化带以及道路附属用地组成，如图 5-8 所示。
>
> 道路红线宽度又称为道路横断面的路幅宽度，其宽度是划分城市道路用地和城市建筑用地、生产用地及其他备用地的分界控制线。在道路设置展宽的街心花园以及道路外侧至建筑物之间的沿街绿地带，属于公共绿地 G，不属于城市道路用地 S 范围。
>
> 城市道路横断面根据机动车和非机动车交通不同组织方式（即行车道布置形式）分为四种类型，即单幅路、双幅路、三幅路和四幅路，即一块板、两块板、三块板和四块板，如图 5-9～图 5-12 所示。

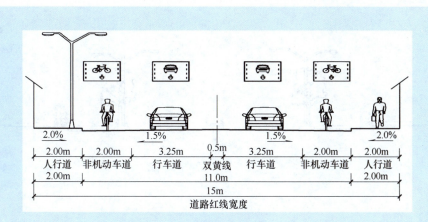

图5-8 城市道路横断面图

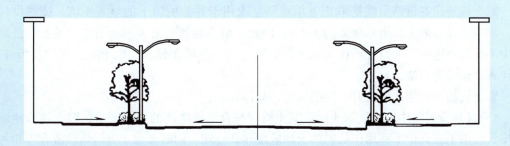

图5-9 单幅路

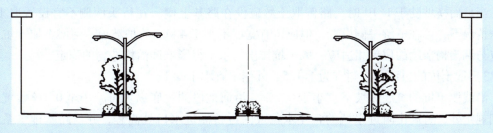

图5-10 双幅路

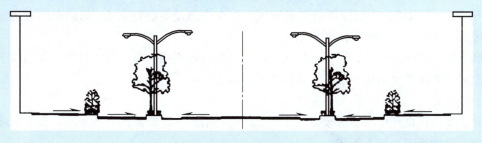

图5-11 三幅路

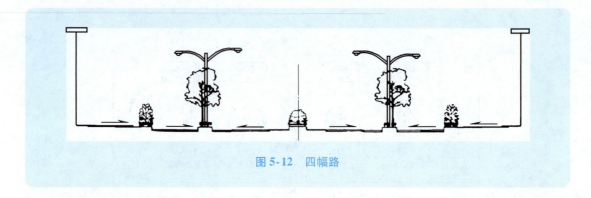

图 5-12　四幅路

四、取土坑、弃土堆

1. 取土坑

取土坑是指在道路沿线挖取土方填筑路基或用于养护所留下的整齐土坑。按照设计规定，填方路基一般要高出原地面约 1.5m，因此，填方路基需要大量土石方，导致在公路建设中不可避免地征用大量土地作为取土坑。取土坑一般面积较大，取土后深度约 2.5m，有水注入后就成为水池。

取土坑的位置的选择也有一定的规定，具体如下：

1）线外设置集中取土坑取土时，其土质应符合填筑路基的技术要求，取土坑原地面的草皮、腐殖土或其他不宜用作填料的土均应废弃、处理。同时考虑土方运输经济合理和利用沿线荒山、高地取土的可能性，力求少占农田和改地造田。

2）沿线两侧或单侧设置取土坑时，应全线统一规划，合理布局。

当地面横坡陡于 1:10 时，路侧取土坑应设在路基上侧。在桥头两侧不宜设置取土坑。特殊情况下，可在下游一侧设置，但应留有宽度不小于 4.0m 的护坡道。河滩上取土坑的位置应与调治构造物的位置相适应，取土坑排出的水不得影响调治构造物的稳定。

3）取土坑的边坡，内侧宜为 1:1.5，外侧不宜小于 1:1。

沿线取土坑的坑底纵坡不宜小于 0.2%，沿河地段的坑底纵坡可减小至 0.1%。坑底除特别规定外，宜高出附近水域的常年水位或附近桥涵进水口处高程，并与路基排水系统相衔接。

取土坑坑底横坡可做成向路线外侧倾斜的单向坡，坡度为 2%~3%，当取土坑坑底宽度大于 6m 时，可做成向中间倾斜的双向横坡，并在中部设置底宽 0.4m 的纵向排水沟。当坑底纵坡大于 0.5% 时，可以不设排水沟。

取土坑应有正确形状，以保证排水。取土坑的开挖费用应摊入填方计价。利用取土坑作蒸发池时，其技术要求应在取土坑设计中予以考虑。

2. 弃土堆

弃土堆是指将开挖路基所废弃的土地放于道路沿线一定距离的整齐土堆。弃土堆堆放应符合相关设计规定，如下所述：

1）弃土堆应堆成规则形状，其边坡不应陡于 1:1.5，顶面应做成向外倾斜的单向横坡，不小于 2%。弃土堆高度不宜于高于 3m。路堑旁的弃土堆，其内侧坡脚与路堑坡顶之间的距离,对于干硬土不应小于3m,对于湿软土不应小于路堑深5m。弃土堆呈带状沿路堆时,上坡方面应连续而不中断,并在弃土堆前设置截水沟;在下坡方面应每隔50~100m设不小于1m宽的缺口,以利排水。

2)当沿河弃土时,不得阻塞河流、挤压桥孔或造成河岸冲刷。堆放弃土不得干扰正常交通,并应防止对灌溉沟渠及天然水流的污染和淤塞,任何因弃土污染和淤塞而造成的损失,承包人应自费进行处治。

3)弃土堆应少占耕地,除设计图规定位置外,可设于就近的低地和路堑山脚的一侧。当地面横坡缓于1:5时,可设于路堑的两侧。

4)弃土堆的堆置费用(包括装卸、运输费用在内)应摊入挖方单价。废弃土堆单独设计的截水、排水及支挡设施可按规定在排水工程项下计入。表5-1为取土坑(场)、弃土堆(场)一览表。

表5-1 取土坑(场)、弃土堆(场)一览表

工程名称:××公路改造工程

序号	桩号	取土、弃土位置		运距/m	数量/m³		永久占地/亩			植树绿化(棵)	草皮护坡/m²	供应、弃方起讫桩号
		左/m	右/m		取土	弃方	水田	旱地	山地			
1	2	3	4	5	6	7	8	9	10	11	12	14
1	K24+650		8			20976			2.673	96	796	K23+000~k25+000
2	K25+080	10				4040			1.575	72	480	K25+000~k26+000
3	K25+530		10			9411			0.717	54	410	K25+000~k26+000
4	K26+600	15				16874			2.626	185	964	K26+000~k27+000
5	K27+240		10			17438			1.925	147	760	K27+000~k27+490
6	K27+860		10			9888			2.274	128	720	K27+490~k28+000
合计						78627			11.79	682	4130	

五、路肩、中间带与路缘石

1. 路肩的作用及其宽度

各级公路均需设置路肩,其主要作用如下:

1)路肩紧靠路面两侧设置,具有保护及支撑路面结构稳定的作用,保护行车道等主要结构的稳定。

2)为发生机械故障或紧急情况的车辆临时停车提供位置,避免交通事故和交通紊乱现象。

3)作为侧向余宽的一部分,有利于提高驾驶员的安全感,增加舒适度。

4)为道路养护作业、埋设地下管线提供场地。对未设人行道的道路,可供行人及非机动车等使用。

5)精心养护的路肩增加公路的美观。

路肩可分为硬路肩和土路肩,硬路肩是指与车行道相邻并铺以具有一定强度路面结构的路肩部分(包括路缘带)。硬路肩根据设置位置不同,可分为左侧硬路肩和右侧硬路肩;根据组成材料的不同,可分为沥青硬路肩和水泥硬路肩。左侧硬路肩是指设置在道路行车道左

侧的硬路肩，我国高速公路分离式路基（图 5-13）一般设置左侧路肩。左侧硬路肩能有效提高道路安全性和舒适性，特别在车道较多的情况下，它能供内侧车道上车辆迅速安全停靠，有效避免碰撞和二次事故的发生。右侧硬路肩是指设置在行车道右侧的硬路肩，我国高速公路普遍设置了右侧硬路肩，《公路工程技术标准》（JTG B01—2014）和《公路路线设计规范》（JTG D20—2017）中未强调为左侧和右侧硬路肩时，路肩均指右侧硬路肩。

图 5-13　分离式路基

高速公路、一级公路为保证行车道的安全、畅通，应在路肩宽度内设置右侧路缘带和紧急停车带，外侧设置土路肩。按照规定，右侧路缘带宽度为 0.5m，硬路肩为 2.00～2.50m，土路肩为 0.75m。硬路肩作为停车带使用，其宽度不小于 2.25m。二级汽车专用公路与一般二级公路路肩宽度为 1.50m，其作用除对行车道提供必要的侧向安全余宽及行车道路面结构的横向支撑作用外，在村镇附近与混合交通量大的路段，应予以加固，以充分利用。《公路工程技术标准》（JTG B01—2014）中关于左路肩宽度规定如下：高速公路、一级公路采用分离式断面时，应设置左侧硬路肩，左侧硬路肩宽度包含左侧路缘带宽度。八车道及以上高速公路宜设置左侧硬路肩，其宽度应不小于 2.50m。左侧硬路肩宽度内含左侧路缘带宽度。

> **知识拓展**
>
> 应急车道主要在城市环线、快速路及高速路两侧施划，专门供工程救险、消防救援、医疗救护或民警执行紧急公务等处理应急事务的车辆使用，任何社会车辆禁止驶入或者以各种理由在车道内停留。若车辆发生损坏时可以临时停靠，应在后面 150m 处设标记。
>
> 根据《中华人民共和国道路交通安全法实施条例》等规定，如果在高速公路拥堵的情况下，在处罚时，车主所处区域属于硬路肩，那么将会面临罚款 200 元，记 0 分的处罚；如果在处罚时，车主所处区域属于应急车道，那么将会面临罚款 200 元，记 6 分的处罚。
>
> 因占用应急车道的车辆较多，部分路段发生事故，抢救车辆不能即时到达现场，导致不可逆转的事件发生。因此，不管硬路肩还是应急车道，不能因为建造标准的不一样，混淆概念，因为它们起到的作用是完全一样的，它们就是高速公路的生命通道。

2. 中间带

（1）中间带的组成　中间带由中央分隔带和路缘线两部分组成。分隔带以路缘石线等设施分界，在构造上起到分隔往返交通的作用。在分隔带的两侧设置路缘带，既引导驾驶员的视线，促进行车安全，还能保证行车所必需的余宽，提高行车道的使用效率。

为保证高速公路和一级公路的行车安全和应有的功能，应设置中间带如图5-14所示，其作用如下：

1）分隔往返车流，以避免快速车辆驶入对向行车道导致交通事故；防止未分隔的多车道公路上车辆因认错对向车道而引起的事故；减少中线附近的交通阻力。

2）避免车辆中途调头出现紊乱车流现象，减少交通事故。

3）中间带有一定宽度时，或利用植树，或设防眩设施，可起到夜间防眩作用。

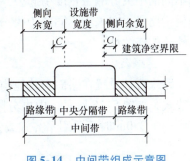

图5-14　中间带组成示意图

4）在不妨碍建筑限界前提下，可作为设置交通标志牌及其他交通管理设施的场地。

5）具有一定宽度的中间带，可用以埋设管线等设施。

高速公路、一级公路整体式路基断面必须设置中间带，中间带由两条左侧路缘带和中央分隔带组成，并应符合下列规定：

1）高速公路和作为干线的一级公路，中央分隔带宽度应根据公路项目中央分隔带功能确定。

2）作为集散的一级公路，中央分隔带宽度应根据中间隔离设施的宽度确定。

3）左侧路缘带宽度不应小于表5-2的规定。

表5-2　左侧路缘带宽度规定

设计速度/(km/h)		120	100	80	60
左侧路缘带宽度/m	一般值	0.75	0.75	0.50	0.50
	最小值	0.50	0.50	0.50	0.50

注：1. "一般值"为正常情况下的采用值。
　　2. 设计速度为120km/h、100km/h时，受地形、地物限制的路段或多车道公路内侧仅限小型车辆通行的路段，可采用"最小值"。

（2）中间带的宽度　《公路工程技术标准》（JTG B01—2003）对高速公路和一级公路的中央分隔带的宽度做出具体规定，包括一般条件下应采用的"一般值"和条件受限路段可采用的"最小值"。由于中央分隔带宽度指标取用存在较大争议，既有反映原"一般值"过宽的，也有反映"最小值"不足的。《公路工程技术标准》（JTG B01—2014）中不再指定中央分隔带宽度推荐值，但强调：中央分隔带宽度应从对向隔离、安全防护的主要功能出发，综合考虑中央分隔带的防护形式和防护能力确定。

1）在高速公路、作为干线的一级公路整体式断面的中央分隔带形式选择和宽度确定时，应着重考虑护栏的防护功能需要，选择可有效防止车辆失控冲过中央分隔带的护栏形式及对应的中央分隔带宽度。

2）对于承担集散功能的一级公路，中央分隔带宽度应根据中间物理隔离措施的宽度确定。中间物理隔离措施是指可不具备安全防护功能、仅具有物理隔离功能的护栏等措施。

3)《公路工程技术标准》(JTG B01—2014)规定,多车道公路若通过管理措施,内侧车道仅限于小型车辆通行时,左侧路缘带经论证可采用 0.50m。

高速公路、一级公路的一般路基路段和中、小型桥梁构造物路段,通常应尽量避免因采用不同的中央分隔带宽度引起公路线形和车辆行驶轨迹的频繁变化。对于路基与整体式结构的桥梁路段,在采用不同的中央分隔带(宽度)前后,均应设置必要的过渡段,以保持行车轨迹的连续性。

3. 路缘石

路缘石是设置在路面与其他构造物之间的标石。路缘石的形状有三种,即立式、斜式和曲线式,如图 5-15 所示。中央分隔带宽度大于或等于 3.0m 时宜采用平齐式,中央分隔带宽度小于 3.0m 时可采用平齐式或斜式。

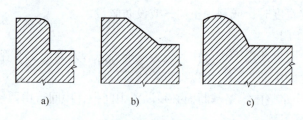

图 5-15　路缘石
a) 立式　b) 斜式　c) 曲线式

高速公路中央分隔带上的路缘石起导向、连接和便于排水的作用,高度不宜太高,因为高的路缘石(高度 20m)会使高速行驶的汽车一旦驶入将产生飞跃甚至翻车的副作用,所以高速公路的分隔带因排水必须设置路缘石时,应使用低矮光滑的斜式或曲线式的路缘石,高度宜小于 12cm。

路缘石宜高出路面 10~20cm。在隧道内线形弯曲段或陡峻路段等处,可高出 25~40cm。路缘石应有足够的埋置深度,以保证稳定。缘石宽度宜为 10~15cm。

六、附加车道

附加车道是指在道路局部路段增设专供某种需要使用的车道,包括变速车道、爬坡车道、避险车道等。

1. 变速车道

变速车道是加速车道和减速车道的总称。加速车道是为保证驶入主线的车辆,在进入主线之前,能安全加速以保证汇流所需的距离而设置的。减速车道是为保证车辆驶出高速公路时能安全减速而设置的。

变速车道长度是由车辆进入变速车道时的速度、车辆在变速车道终点时的速度、加减速度三个要素确定的。

变速车道横断面组成如图 5-16 所示,变速车道布置在主线的右侧,设置变速车道的路段,路基应相应加宽,不得占用硬路肩宽度,其宽度一般为 3.5m。

2. 爬坡车道

爬坡车道是陡坡路段正线行车道上坡方向右侧增设的供载重车行驶的专用车道,宽度一一般为 3.5m，包括设于其左侧路缘带的宽度 0.5m，如图 5-17 所示。

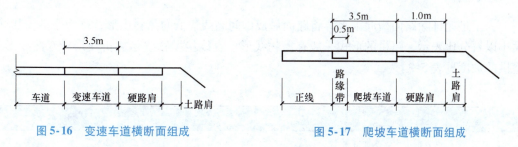

图 5-16　变速车道横断面组成　　　图 5-17　爬坡车道横断面组成

爬坡车道的平面布置如图 5-18 所示，其总长度由分流渐变段长度、全宽爬坡车道长度和合流渐变段长度组成。

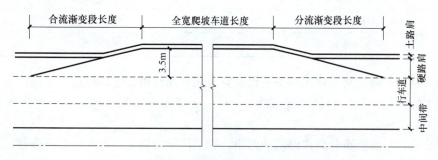

图 5-18　爬坡车道的平面布置

3. 避险车道

避险车道是指在长陡下坡路段行车道外侧增设的供速度失控车辆离正线安全减速的专用车道。

避险车道设置的原因主要是由于地形条件限制，平均纵坡无法满足要求时，存在长陡下坡的高速公路路段，容易造成下坡车辆（特别是重载汽车）制动失灵而产生严重的交通事故，为使失控车辆驶离主车道，并安全地减速直至停止，避免人员伤亡和财产损失。

避险车道主要包括上坡砂坑型、平坡砂坑型、下坡砂坑型及砂堆型如图 5-19 所示。具体采用哪种类型主要考虑路段地形、气候、造价、养护维修等因素。

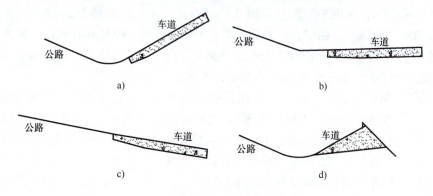

图 5-19　避险车道基本类型

a）上坡砂坑型　b）平坡砂坑型　c）下坡砂坑型　d）砂堆型

七、路拱

为了迅速排除路面横向雨水，将路面做成中间高两边低的倾斜拱形，称为路拱。其倾斜大小以百分比表示。路拱的形式一般有抛物线形、直线接抛物线形、折线形、双曲线形等。路拱的坡度见表 5-3。

表 5-3　路拱坡度

路 面 类 型	路拱坡度（%）
沥青混凝土、水泥混凝土	1~2
其他沥青路面	1.5~2.5
半整齐石块	2~3
碎、砾石等粒料路面	2.5~3.5
低级路面	3~4

高速公路、一级公路整体式路基的路拱宜采用双向路拱坡度，由路中央向两侧倾斜。位于中等强度降雨地区时，路拱坡度宜为 2%；位于降雨强度较大地区时，路拱坡度可适当增大。

高速公路、一级公路分离式路基的路拱，宜采用单向横坡，并向路基外侧倾斜，也可采用双向路拱坡度。积雪冰冻地区，宜采用双向路拱坡度。

双向六车道以及上车道数的公路，当超高过渡段的路拱坡度过于平缓时，可采用双向路拱坡度。路拱坡度过于平缓路段应进行路面排水分析。

二级公路、三级公路、四级公路的路拱应采用双向路拱坡度，由路中央向两侧倾斜。路拱坡度应根据路面类型和当地自然条件确定，但不应小于 1.5%。

八、公路路基横断面设计

1. 公路路基典型横断面

公路路基典型横断面图包括路堤、路堑、半挖半填路基、不填不挖路基等。

（1）路堤　路堤按其填土高度可划分为矮路堤、高路堤和一般路堤三类。矮路堤填土高度低于 1.0~1.5m，常用于平坦地区取土困难时选用；高路堤则是填方总高度超过 18m（土质）或 20m（石质）的路堤；一般路堤则介于两者之间，随其所处的条件和加固类型不同，主要包括浸水路堤、陡坡路堤及挖沟填筑路堤等形式。路堤近旁有较宽沟渠或沿河浸水路堤，应设置护坡道，如图 5-20 所示为路堤横断面基本形式示意图。

（2）路堑　路堑是低于原地面由开挖形成的路基。挖方边坡坡度，应根据边坡高度、土石种类与性质（密实程度、风化程度等）、地面水情况及施工方法等因素综合分析确定。路堑包括全挖式路基、台口式路基、半山洞式路基三种形式，前两种适用于丘陵地区，后一种适用于西部山区地形。挖方路基边坡分为直线、折线、台阶式三种，在挖方高度较大或土质变化处，应采用折线或台阶式边坡以保证稳定。路堑路段应设置边沟，为拦截和排除上侧地面水以保证边坡的稳定，应在坡顶 5m 外设置截水沟，如图 5-21 所示。

（3）半填半挖路基　半填半挖路基是路堤和路堑的综合形式，一部分为填方，一部分

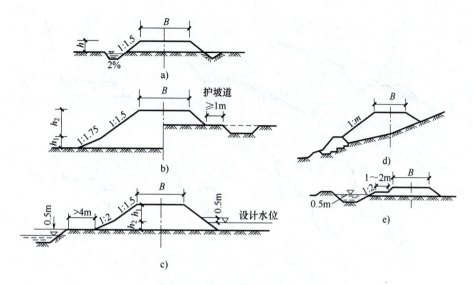

图 5-20 路堤横断面基本形式
a）矮路堤 b）一般路堤 c）浸水路堤 d）护脚路堤 e）挖沟填筑路堤

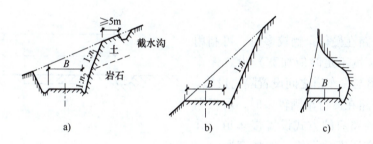

图 5-21 路堑横断面基本形式
a）全挖式路基 b）台口式路基 c）半山洞式路基

为挖方，兼有路堤和路堑的设置要求，常出现在山区道路中。填方部分的局部路段，若遇原地面的短缺口，可采用砌石护肩。若填方量较大，也可就近利用废石方，砌筑护坡或护墙，石砌护坡和护墙相当于简易式挡土墙，承受一定的侧向压力，如图 5-22 所示。

（4）不填不挖路基 不填不挖路基是指原地面高程与路基高程相同构成不填不挖的路基横断面形式，常用于干旱的平原区、丘陵区以及山岭区的山脊线或高程受到限制的城市道路。此种横断面形式虽节省土石方，但对排水不利，易发生水淹、雪埋等病害，如图 5-23 所示。

2. 各级公路路基横断面宽度设计

公路路基横断面中各组成部分宽度应根据公路技术等级、交通量和交通组成、横断面各组成部分的功能综合确定，并应符合下列规定：

1）公路路基宽度为车道宽度与路肩宽度之和。当设有中间带、加（减）速车道、爬坡车道、紧急停车带、错车道、超车道、侧分隔带、非机动车道（或慢车道）和人行道等时，应包括上述部分的宽度。

2）非机动车、行人密集公路和城市出入口的公路，可根据需要设置侧分隔带、非机动

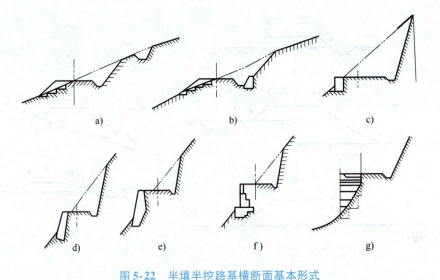

图 5-22 半填半挖路基横断面基本形式

a) 一般填挖路基 b) 矮挡土墙路基 c) 护肩路基 d) 砌石护坡路基
e) 砌石护墙路基 f) 挡土墙支撑路基 g) 半山桥路基

车道和人行道。

3) 一级公路在慢行车辆较多时，可利用右侧硬路肩（宽度不足时应加宽）设置慢车道，并应在车道与慢车道之间设置隔离设施。

4) 二级公路在慢行车辆较多时，可根据需要采用加宽硬路肩的方式设置慢车道，并应增加必要的交通安全设施，加强交通组织管理。

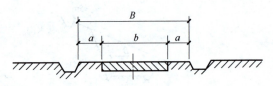

图 5-23 不填不挖路基横断面

B—路基宽度 b—路面宽度 a—路肩宽度

任务二　路基土石方数量计算

路基土石方工程是公路工程的主要项目之一，其工程量在公路中的比例较大。土石方工程的工程量既是公路方案评价又是比较选择的主要技术经济指标之一。土石方数量与调配影响取土和弃土地点、大小的选择，公路用地的多少，同时还影响工程所需劳动力、机具设备、工期及工程费用。

路基土石方计算与调配的主要任务是计算每公里路段的土石方工程量和全路段总土方工程量，涉及挖方的利用、填方的来源以及运距、运量，为编制工程预（概）算、确定合理的施工方案和施工机具、安排工程进度、施工计量支付提供依据。

一、横断面面积的计算

路基填挖的横断面面积是指横断面图中原地面线与路基设计线围成的面积，包括填方区域面积和挖方区域面积。在横断面面积计算时，填方量与挖方量应分别计算，常用的横断面面积计算的方法包括积距法、坐标法、几何图形法、数方格法、求积仪法。

1. 积距法

如图 5-24 所示，积距法的基本原理是将单位横宽 b 划分为若干梯形与三角形条块，每个小条块的面积为平均高度 h_i 与 b 的乘积，即 $A_1 = bh_1$，$A_2 = bh_2$，…，$A_n = bh_n$，总面积为

$$A = A_1 + A_2 + \cdots + A_n = bh_1 + bh_2 + \cdots + bh_n = b\sum_{i=1}^{n} h_i$$

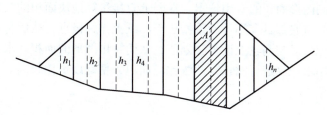

图 5-24　横断面面积计算（积距法）

2. 坐标法

如图 5-25 所示，已知横断面图中各个转折点的坐标 (x_i, y_i)，则由解析几何公式易推出面积计算公式如下

$$A = \frac{1}{2}\sum_{i=1}^{n}(x_i y_{i+1} - y_i x_{i+1})$$

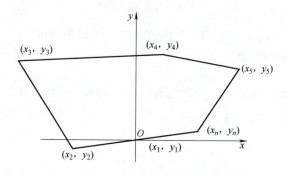

图 5-25　坐标法示意图

坐标法计算面积精度相对较高，但计算过程烦琐，适用于计算机计算。

3. 几何图形法

几何图形法适用于形状较规则的横断面，基本原理是将横断面分成若干个三角形、梯形、矩形等，分别计算各部分的面积，最后将各个面积相加即为所求横断面的面积，如图 5-26 所示。

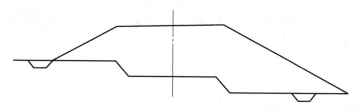

图 5-26　横断面面积计算（几何图形法）

4. 数方格法

用方格纸蒙在图纸上，通过数方格数，再乘以每个方格的面积计算求取。此法方格网越密，精度越大。一般在数方格数时，测量对象占方格单元超过 1/2，按整个方格计；小于 1/2 者不计。最后进行方格数的累加，再求取面积。

5. 求积仪法

求积仪是用量测图形面积的专用仪器，在图上直接量算地块面积的一种方法，常用的为极点求积仪。使用时将底部具有小针的重物压于图纸上作为极点，然后将针尖沿着图形的轮廓线移动一周，在记数盘与测轮上读得分划值，从而算出图形的面积。求积仪器分为数字型和指针型两种。运用求积仪进行测量，此法比较简单，精确度也比较高。

二、土石方数量计算

路基土石方计算工程量较大且路基填挖变化较不规则，若精确计算土石方体积则相当困难，因此，在工程中常采用近似法计算。

若两相邻断面均为填方或挖方且面积大小相近，则可假定断面之间为一棱柱体，如图 5-27 所示，按平均断面法计算，其公式为

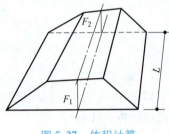

图 5-27 体积计算

$$V = \frac{1}{2}(F_1 + F_2)L$$

式中，V 为土石方数量（m^3）；F_1、F_2 为相邻两断面的面积（m^2）；L 为两相邻断面之间的间距（m），即相邻两断面的桩号差。

【例 5-1】 某路段两相邻桩号分别为 K1+200 和 K1+245，计算出横断面面积分别为 $A_{t_1}=28.4m^2$、$A_{w_1}=10.3m^2$ 和 $A_{t_2}=2.4m^2$、$A_{w_2}=43.5m^2$，求此路段的土石方体积。

【解】 $V = \frac{1}{2}(F_1 + F_2)L$

即
$$V_w = 1/2 \times (10.3 + 43.5)m^2 \times [K1+245 - (K1+200)]m$$
$$= 1/2 \times 53.8m^2 \times 45m$$
$$= 1210.5m^3$$
$$V_t = 1/2 \times (28.4 + 2.4)m^2 \times [K1+245 - (K1+200)]m$$
$$= 1/2 \times 30.8m^2 \times 45m$$
$$= 693m^3$$

平均断面法计算相对简单、方便，是公路上常采用的方法。但是，它的精度相对较差，该法适用于相邻两断面面积 F_1、F_2 相差不大时。当 F_1、F_2 相差较大时，则按棱台计算更为接近，其计算公式为

$$V = \frac{1}{3}(F_1 + F_2)L\left(1 + \frac{\sqrt{m}}{1+m}\right)$$

式中，$m = \frac{F_1}{F_2}$，其中 $F_2 > F_1$。

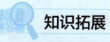

知识拓展

遂桩横断图中 H_t，A_t，H_w，A_w 分别代表填方的高度、填方的面积、挖方的高度和挖方的面积。一般 H 代表高度，A 代表面积，下标的 w、t 分别是挖和填的声母，代表挖和填。A_B 为清表面积，H_s 为对应该桩号的设计高程，H_d 为与之对应的地面高程，D_h 为该桩号处设计高程与地面高程的差值，也就是填挖高。

三、路基土石方调配

路基土石方调配主要目的是将路堑的挖方合理地调用于路堤的填方或布置适应的弃土堆，合理地布设取土坑以满足路堤填方的需要，从而减少公路用地，且使运量最小、搬运方向最便利。

1. 土石方调配原则

1）土石方调配应遵循先横向后纵向的原则。在半填半挖断面中，应首先考虑进行横向调配，然后再进行纵向调配，以减少总的运输量，降低运输费用。横向调配主要针对本桩内的挖方直接用于本桩内的填方，达到横向平衡。纵向调配则是将本桩多余的土方运至其他桩号填筑或将其桩号的挖余的土方运至本桩不足的填方进行填筑。

2）纵向调运应考虑经济运距原则。路基填方用土来源于两个方面：一是路上的纵向调运；二是就近路基外借土。一般情况下选择调运路堑挖方来填筑距离较近的路堤相对较经济。但若调运距离过长，以致运价超过在填方附近借土所需的费用时，纵向移挖作填就不如借方经济了。因此，采用"调"还是"借"，有一个限度距离问题，这一距离称为经济运距。计算公式如下

$$L_{经} = \frac{B}{T} + L_{免}$$

式中，B 为借土单价（元/m²）；T 为远运运费单价［元/(m³·km)］；$L_{免}$ 为免费运距（km）。

3）土石方调配应考虑桥涵位置对施工运输的影响，一般大沟不用作跨越调运，同时应考虑施工的可能与方便，尽可能避免和减少上坡运土。

4）土石方调配除考虑经济运距问题，还应考虑借方、弃土方与借土还田、整地建田相结合，尽量少占田地，降低对农业生产的影响。

5）回头曲线路段土石方调运应优先考虑上下线的竖向调运。

6）不同性质的土方和石方应分别调配。调运时可以石代土，但不能以土代石，以保证路基填方质量。调运时还应注意与人工构筑物材料供应结合起来。

7）土石方调配应结合具体的地形情况和施工条件，选择恰当的运输方式，确定合理的经济运距，用以确定用土是调运还是外借。

2. 土石方调配方法

土石方调配方法有多种，如累积曲线法、调配图法及土石方计算表调配法等，目前生产上多采用土石方计算表调配法，该法不需绘制累积曲线图与调配图，直接可在土石方表上进行调配，其优点是方法简捷，调配清晰，精度符合要求。该表也可由计算机自动完成。具体

调配步骤是：

1) 土石方调配是在土石方数量计算与复核完毕的基础上进行的，调配前应将可能影响运输调配的桥涵位置、陡坡、大沟等注在表旁，供调配时参考。

2) 弄清各桩号间路基填挖方情况并作横向平衡，明确利用、填缺与挖余数量。

3) 在作纵向调配前，应根据施工方法及可能采取的运输方式定出合理的经济运距，供土石方调配时参考。

4) 根据填缺挖余分布情况，结合路线纵坡和自然条件，本着技术经济和支农的原则，具体拟定调配方案。方法是逐桩逐段地将毗邻路段的挖余就近纵向调运到填缺内加以利用，并把具体调运方向和数量用箭头标明在纵向利用调配栏中。

5) 经过纵向调配，如果仍有填缺或挖余，则应会同当地政府协商确定借土或弃土地点，然后将借土或弃土的数量和运距分别填注到借方或废方栏内。

6) 土石方调配后，应按下式进行复核检查

横向调运 + 纵向调运 + 借方 = 填方

横向调运 + 纵向调运 + 弃方 = 挖方

挖方 + 借方 = 填方 + 弃方

以上检查一般是逐页进行复核的，如有跨页调配，须将其数量考虑在内，通过复核可以发现调配与计算过程有无错误，经核证无误后，即可分别计算计价土石方数量、运量和运距等，为编制施工预算提供土石方工程数量见表5-4。

【例5-2】 完善挖填方体积及填挖量见表5-4。

表5-4 土石方数量表

桩号	挖方面积 /m²	填方面积 /m²	挖方平均面积/m²	填方平均面积/m²	距离 /m	挖方体积 /m³	填方体积 /m³	本桩利用	填缺 /m³	挖余 /m³
+200	0	35.2	—	—		—	—		—	—
+250	33.5	20.3	16.75	27.75	50	837.5	1387.5	768.35	619.15	—
+300	41.5	21.3	37.5	20.8	50	1875	1040	1720.18	—	680.18
+350	52.5	0	47	10.65	50	2350	532.5	2155.96	—	1623.46
合计	—	—	—	—		5062.5	2960	4644.49	619.15	2303.64

注：土质按二级公路硬土计算。

3. 土石方调配的几个概念

（1）平均运距　土方调配的运距，是指从挖方体积的重心到填方体积的重心之间距离。在路线工程中为简化计算起见，此距离可简单地按照挖方断面间距中心至填方断面间距计算，此距离称为平均运距。

在纵向调配时，当其平均运距超过定额规定的免费运距，应按其超运距计算土石方运量。例如某定额表1-1-11自卸汽车运土、石方中3t以内自卸汽车，自卸汽车装载质量在3t以内的第一个1km需要19.47台班，每增运0.5km平均运距在5km以内需要2.93台班。

（2）运量　土石方运量为平均运距与土石方调配数量的乘积。

实际施工中，工程定额是将平均运距每10m划分一个运输单位，称为"级"，20m为两

个运输单位,称为二级,其余类推。在土方计算表内可用符号①②表示,不足 10m 时,仍按一级计算或四舍五入。于是

$$总运量 = 调配(土石方)方数 \times n$$

式中,n 为平均运距单位(级),其值为

$$n = \frac{L - L_免}{10}$$

式中,L 为平均运距(m);$L_免$ 为免费运距(m)。

在土石方调配中,所有挖方无论是"弃"或"调",都应予以计价。但对于填方则不然,要根据用土来源来决定是否计价。如果是路外借土,那当然要计价,倘若是移挖作填调配利用,则不应再计价,否则形成双重计价。因此计价土石方必须通过土石方调配表来确定其数量为

$$V_计 = V_挖 + V_借$$

式中,$V_计$ 为计价土石方数量(m^3);$V_挖$ 为挖方数量(m^3);$V_借$ 为借方数量(m^3)。

一般工程上所说的土石方总量,实际上是指计价土石方数量。一条公路的土石方总量一般包括路基工程、排水工程、临时工程、小桥涵工程等项目的土石方数量。对于独立大桥、中桥、长隧道的土石方数量应另外计算。

(3)各类土石方换算 定额中规定计算土石方体积时应以天然密实土作为计算依据,因此,根据土的类型、公路等级等因素确定转换系数,具体见表 5-5。

天然密实土是指未动的自然土(或天然土);虚土是指未经填压自然堆成的土;密实土是指按要求经过分层碾压夯实的土;松填土是指挖出的自然土,自然堆放未经夯填在槽坑中的土。因此,四种不同类型土的体积转换系数见表 5-6。

表 5-5 路基土石方换算系数

公路等级	土石类别			
	土方			石方
	松土	普通土	硬土	
二级及以上公路	1.23	1.16	1.09	0.92
三级公路、四级公路	1.11	1.05	1.00	0.84

表 5-6 四种不同类型土的体积转换系数

虚土	天然密实土	密实土	松填土
1.00	0.77	0.67	0.83
1.30	1.00	0.87	1.08
1.49	1.15	1.00	1.24
1.20	0.93	0.81	1.00

表 5-7 为路基土石方计算及调配实例。

表 5-7 路基土石方计算及调配实例

桩号	横断面面积 m²		距离 /m	总数量	挖方分类及数量 (m³)											填方数量 (m³)			本桩利用		利用方数量及调配				挖余		远运利用及纵向调配示意
					I		II		III		IV		V		VI		土	石	土	石	填缺			土	石	
	挖方	填方			数量	%	数量	%	数量	%	数量	%	数量	%	数量	总数量					土	石				
1	2	3	4	5	6	7	8	9	10	11	12	13	14	15	16	17	18	19	20	21	22	23	24	25	26	27
K0+016.068	5.80	3.77																								
K0+020	3.85	4.80	3.93	19.0			80	15.2	20	3.8																
K0+040	43.04	0.00	20.00	469.0			80	375.2	20	93.8							16.9	16.9		16.9				0.6		↑
K0+060	37.51	0.00	20.00	805.5			80	644.4	20	161.1							48.0	48.0		48.0				416.6		土1377.8(52m)
K0+080	7.49	27.05	20.00	449.9			80	360.0	20	90.0							270.5	270.5		270.5				805.5		—
K0+100	1.48	58.59	20.00	89.6			80	71.7	20	17.9							856.4	856.4		82.2		774.2		155.1		↓
K0+120	1.49	59.65	20.00	29.6			80	23.7	20	5.9							1182.4	1182.4		27.2		1155.2				土877.3(37m)
K0+140	48.32	0.00	20.00	498.1			80	398.4	20	99.6							596.5	596.5		456.9		139.5				—
K0+160	199.89	0.00	20.00	2482.1			80	1985.7	20	496.4														2482.1		土6422.2 (335m) 弃方 (到弃土坑 K0+450)

									千53996.7(195m)			
K0+180	306.14	0.00	20.00	5060.3		80	4048.2	20	1012.1			5060.3
K0+200	363.88	0.00	20.00	6700.2		80	5360.2	20	1340.0			6700.2
K0+220	332.87	0.00	20.00	6967.6		80	5574.0	20	1393.5			6967.6
K0+240	371.40	0.00	20.00	7042.8		80	5634.2	20	1408.6			7042.8
K0+260	440.01	0.00	20.00	8114.2		80	6491.3	20	1622.8			8114.2
K0+280	448.70	0.00	20.00	8887.1		80	7109.7	20	1777.4			8887.1
K0+300	326.30	0.00	20.00	7750.0		80	6200.0	20	1550.0			7750.0
K0+320	180.02	0.00	20.00	5063.2		80	4050.6	20	1012.6			5063.2
K0+340	74.22	0.00	20.00	2542.3		80	2033.9	20	508.5			2542.3

（续）

桩号	横断面面积/m²		距离/m	挖方分类及数量（m³）											填方数量（m³）			利用方数量及调配（m³）				远运利用及纵向调配示意
	挖方	填方		总数量	土				石						总数量	土	石	本桩利用		填缺		挖余	
					Ⅰ %	数量	Ⅱ %	数量	Ⅲ %	数量	Ⅳ %	数量	Ⅴ %	数量	Ⅵ %	数量			土	石	土	石	土	石
K0+360	7.94	12.40	20.00	821.6	80	657.2	20	164.3								124.0	124.0		124.0			686.4	
K0+380	1.52	190.59	20.00	94.5	80	75.6	20	18.9								2029.9	2029.9		86.7		1943.2		
K0+400	1.39	316.05	20.00	29.1	80	23.2	20	5.8								5066.5	5066.5		26.7		5039.8		
K0+420	1.64	383.91	20.00	30.3	80	24.3	20	6.1								6999.6	6999.6		27.8		6971.8		
K0+440	2.16	401.53	20.00	38.1	80	30.4	20	7.6								7854.4	7854.4		34.9		7819.5		
K0+460	1.53	415.22	20.00	36.9	80	29.5	20	7.4								8167.5	8167.5		33.8		8133.7		
K0+480	1.91	336.93	20.00	34.4	80	27.5	20	6.9								7521.5	7521.5		31.5		7490.0		
K0+500	1.44	254.64	20.00	33.5	80	26.8	20	6.7								5915.7	5915.7		30.7		5885.0		
K0+520	1.34	117.48	20.00	27.8	80	22.2	20	5.6								3721.2	3721.2		25.5		3695.7		
累计				64116.4		51293.1		12823.3								50370.9	50370.9		1323.4		49047.5		62673.9

任务三　横断面设计成果

一、公路路基横断面设计

路基标准横断面是公路设计的重要组成文件，是反映路基各组成部件和各部件几何尺寸的横断面。《公路工程技术标准》（JTG B01—2014）规定我国路基横断面按照公路性质及等级不同，可有整体式横断面和分离式横断面两大类，每一类又按车道数不同，采用最大值或最小值的不同而有多种布置形式。路基标准横断面图中，应合理组合，标注具体尺寸。

二、路基横断面设计步骤

1）点绘各横断面的横向地面线（一般在现场与测量同时进行）。地面线是在现场测绘的，若是纸上定线，可从大比例尺的地形图上内插获得。横断面图的比例尺一般是 1∶200。
2）根据《公路工程技术标准》（JTG B01—2014）的规定，确定路基宽度。
① 按照土质、水文条件拟定路基边坡形式与坡度。
② 按照排水要求拟定边沟、截水沟等尺寸。
3）按弯道半径大小分别拟定超高加宽值。
4）根据纵断面设计资料，按设计高程在路基设计表上逐桩进行计算，完成路基设计表。
5）按照路基设计表数据，绘出横断面设计线。设计线包括路基、边沟、边坡、截水沟、加固及防护工程、护坡道、碎落台、视距台等，在弯道上的横断面还应标出超高、加宽等。一般直线上的横断面可不表示路拱坡度。陡峻山坡需设挡土墙时，应绘于横断面图上，并将挡土墙设计成果另行绘出。
6）检查弯道路段横断面内侧数据是否足够，是否需要清除障碍及设置视距台。
图 5-28 为某路基标准横断面图。

三、路基设计表

路基设计表（见表 5-8）是公路设计文件的组成内容之一，它是综合路线平面设计、纵断面设计和横断面设计的成果汇编而成的。表中包括整桩、加桩及填挖高度、路基高度（包括加宽）、超高值等有关资料，该表为路基横断面设计的基本数据。

表 5-8 中的填表内容如下：
第 1 栏 "平曲线" 中，可列转角号和半径，供计算加宽超高时使用。本表中线形为直线，因此未列出转角处的角度、半径以及相应的切线长、弧长等相关要素。
第 2 栏 "坡度、坡长及竖曲线交点的桩号和高程" 是从纵断面图中抄录的，注明竖曲线坡长及坡度。
第 3、4 栏 "竖曲线要素" 注明起、终点桩号，竖曲线半径、外距、切线长，判断是凸形竖曲线还是凹形竖曲线。
第 5 栏 "桩号" 和第 6 栏 "地面高程" 均从测量记录中抄录。

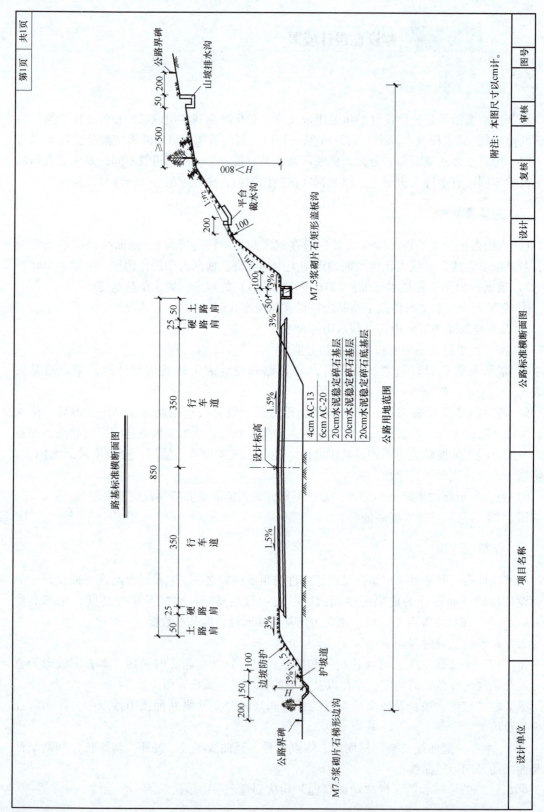

图 5-28 某路基标准横断面图

项目五 公路横断面设计

表 5-8 路基设计表

第 1 页 共 4 页

平曲线	坡度、坡长及竖曲线交点的桩号和高程	竖曲线要素		桩号	地面高程 /m	设计高程 /m	填挖高度 /m		横断面各点与设计线的距离 /m						横断面各点与设计高的高差 /m						备注
		凸	凹				填	挖	左			右			左			右			
									W_{B1}	W_{B2}	W_{B3}	W_{A3}	W_{A2}	W_{A1}	B1	B2	B3	A3	A2	A1	
1	2	3	4	5	6	7	8	9	10	11	12	13	14	15	16	17	18	19	20	21	22
375	K0+016.068 86.385			K0+000.000	86.621	86.051		0.570	12.00	7.50	7.50	7.50	7.50	12.00	0.128	−0.112	−0.112	−0.112	−0.112	0.128	
				K0+016.068	86.363	86.385	0.022		12.00	7.50	7.50	7.50	7.50	12.00	0.128	−0.112	−0.112	−0.112	−0.112	0.128	
	258.932 2.079%			K0+020.000	86.300	86.467	0.167		12.00	7.50	7.50	7.50	7.50	12.00	0.128	−0.112	−0.112	−0.112	−0.112	0.128	
				K0+040.000	88.562	86.883		1.679	12.00	7.50	7.50	7.50	7.50	12.00	0.128	−0.112	−0.112	−0.112	−0.112	0.128	
				K0+060.000	87.912	87.298		0.614	12.00	7.50	7.50	7.50	7.50	12.00	0.128	−0.112	−0.112	−0.112	−0.112	0.128	
				K0+080.000	85.901	87.714	1.813		12.00	7.50	7.50	7.50	7.50	12.00	0.128	−0.112	−0.112	−0.112	−0.112	0.128	
				K0+100.000	85.882	88.130	2.248		12.00	7.50	7.50	7.50	7.50	12.00	0.128	−0.112	−0.112	−0.112	−0.112	0.128	
				K0+120.000	86.213	88.546	2.333		12.00	7.50	7.50	7.50	7.50	12.00	0.128	−0.112	−0.112	−0.112	−0.112	0.128	
				K0+140.000	90.142	88.961		1.181	12.00	7.50	7.50	7.50	7.50	12.00	0.128	−0.112	−0.112	−0.112	−0.112	0.128	
			K0+227.97 90.790 JD1(凹) R=20000 T=47.03 E=0.055	K0+160.000	94.741	89.377		5.364	12.00	7.50	7.50	7.50	7.50	12.00	0.128	−0.112	−0.112	−0.112	−0.112	0.128	
				K0+180.000	99.432	89.793		9.639	12.00	7.50	7.50	7.50	7.50	12.00	0.128	−0.112	−0.112	−0.112	−0.112	0.128	
				K0+200.000	100.881	90.209		10.672	12.00	7.50	7.50	7.50	7.50	12.00	0.128	−0.112	−0.112	−0.112	−0.112	0.128	
				K0+220.000	100.001	90.625		9.376	12.00	7.50	7.50	7.50	7.50	12.00	0.128	−0.112	−0.112	−0.112	−0.112	0.128	
	K0+275 91.768			K0+240.000	101.124	91.044		10.080	12.00	7.50	7.50	7.50	7.50	12.00	0.128	−0.112	−0.112	0.112	−0.112	0.128	
				K0+260.000	102.501	91.482		11.019	12.00	7.50	7.50	7.50	7.50	12.00	0.128	−0.112	−0.112	−0.112	−0.112	0.128	
				K0+280.000	103.674	91.940		11.734	12.00	7.50	7.50	7.50	7.50	12.00	0.128	−0.112	−0.112	−0.112	−0.112	0.128	
				K0+300.000	101.613	92.417		9.196	12.00	7.50	7.50	7.50	7.50	12.00	0.128	−0.112	−0.112	−0.112	−0.112	0.128	
			K0+322.03 92.967	K0+320.000	98.682	92.915		5.767	12.00	7.50	7.50	7.50	7.50	12.00	0.128	−0.112	−0.112	−0.112	−0.112	0.128	
	2.549%			K0+340.000	96.431	93.425		3.006	12.00	7.50	7.50	7.50	7.50	12.00	0.128	−0.112	−0.112	−0.112	−0.112	0.128	
				K0+360.000	94.392	93.935		0.457	12.00	7.50	7.50	7.50	7.50	12.00	0.128	−0.112	−0.112	−0.112	−0.112	0.128	
				K0+380.000	88.272	94.445	6.173		12.00	7.50	7.50	7.50	7.50	12.00	0.128	−0.112	−0.112	−0.112	−0.112	0.128	
				K0+400.000	86.262	94.955	8.693		12.00	7.50	7.50	7.50	7.50	12.00	0.128	−0.112	−0.112	−0.112	−0.112	0.128	
				K0+420.000	85.823	95.464	9.641		12.00	7.50	7.50	7.50	7.50	12.00	0.128	−0.112	−0.112	−0.112	−0.112	0.128	
				K0+440.000	85.855	95.974	10.119		12.00	7.50	7.50	7.50	7.50	12.00	0.128	−0.112	−0.112	−0.112	−0.112	0.128	
				K0+460.000	85.992	96.484	10.492		12.00	7.50	7.50	7.50	7.50	12.00	0.128	−0.112	−0.112	−0.112	−0.112	0.128	
				K0+480.000	88.083	96.994	8.911		12.00	7.50	7.50	7.50	7.50	12.0	0.128	−0.112	−0.112	−0.112	−0.112	0.128	
				K0+500.000	90.873	97.504	6.631		12.00	7.50	7.50	7.50	7.50	1.200	0.128	−0.112	−0.112	−0.112	−0.112	0.128	
				K0+520.000	94.492	98.014	3.522		12.00	7.50	7.50	7.50	7.50	12.00	0.128	−0.112	−0.112	−0.112	−0.112	0.128	

设计单位	项目名称	路基设计表	设计	复核	审核	图号	日期

第 7 栏"设计高程"在直坡段为切线高程,在竖曲线段应考虑"差值",用公式 $Y = X^2/2R$ 算出,其中 X 为各桩距竖曲线起点或终点的距离,R 由第 3、4 栏中获得,凹形竖曲线差值为" + "号,凸形竖曲线差值为" − "号;第 7 栏"设计高程"在竖曲线内,则为该桩号的切线高程差值的代数和。

第 8、9 栏的"填""挖"是第 6 栏与第 7 栏的差值," + "号为填," − "号为挖。

第 10、11、12、13、14、15 栏为横断面各点与设计线的距离。

第 16、17、18、19、20、21 栏为路基两侧各取三点与设计高程的差。

参 考 文 献

［1］周世红，李月姝. 公路勘测技术［M］. 北京：北京邮电大学出版社，2014.
［2］田万涛. 道路勘测设计［M］. 北京：高等教育出版社，2010.
［3］史洪江. 公路勘测及简单设计［M］. 北京：中国劳动社会保障出版社，2014.
［4］陈海英. 公路勘测设计［M］. 北京：人民交通出版社，2010.
［5］周志坚，徐宇飞. 道路勘测设计［M］. 北京：科学出版社，2012.